KATE BYRNE

# Deko-Ideen für Keramik

Haupt

# Deko-Ideen für Keramik

KATE BYRNE

## Design und Techniken für farbenfrohes Geschirr

Fotografien von Sandra Lane

**Verlag Paul Haupt**
**Bern • Stuttgart • Wien**

# INHALT

## Einführung



## Los geht's



## Projekte und Variationsmöglichkeiten



## Schablonen und Motive

# Leitfaden

Das Bemalen von Keramiken hat in den letzten Jahren immer mehr an Popularität gewonnen, und zwar nicht zuletzt, weil es überraschend einfach und eine sehr dankbare Aufgabe ist, ohne besondere Erfahrung professionell aussehende Stücke zu schaffen. Wenn Sie sich mit einigen Grundlagen vertraut gemacht haben, können Sie eine ganz neue Farben- und Musterwelt erforschen. Falls es sich dabei um Ihr erstes kreatives Projekt handelt, wird Sie das Gefühl, etwas Einzigartiges geschaffen zu haben, nach der Fertigstellung Ihres ersten Stücks mit Stolz erfüllen. Viele Anhänger dieser Kunst rühmen auch die therapeutischen Eigenschaften.

Dieses Buch enthält acht Projekte mit detaillierten Anleitungen und beschreibt Schritt für Schritt, wie die verschiedenen Artikel dekoriert werden. Dabei werden Sie eine Reihe von Techniken wie das Schablonieren und den Monodruck kennen lernen und erfahren, wie Stempel und Abdeckflüssigkeit eingesetzt werden. Die Projekte machen Sie mit grundlegenden Arbeitstechniken vertraut, die Sie als Sprungbrett für eigene Ideen und Entwürfe nutzen können.

Obwohl bei allen vorgestellten Projekten mit Unterglasurfarben auf Biskuitporzellan gearbeitet wird, erhalten Sie zusätzliche Informationen, mit deren Hilfe Sie die Techniken für das Malen mit Acrylfarben auf bereits glasierten und gebrannten Keramiken anpassen können. So kann man Muster kreieren, die zu Hause im Backofen statt im Brennofen gebrannt werden können.

Bevor Sie mit den Projekten beginnen, sollten Sie die Informationen im Kapitel »Los geht's« durchlesen. Hier erfahren Sie Grundsätzliches zur Arbeitsausstattung und zu den Arbeitsmethoden, angefangen bei Auswahl und Einsatz von Pinseln bis hin zum Auftrag von Farbe und dem Übertragen von Motiven. Als Nächstes wählen Sie ein Projekt aus und lesen sich die Anleitung durch. Es ist auch ratsam, die Techniken auf einer Scherbe Biskuitporzellan, glasierter Keramik oder einem Stück Papier zu üben, so dass Sie das eigentliche Stück dann selbstbewusster bemalen können.

Zu jedem Projekt werden Varianten vorgestellt. Bei einigen wird dieselbe Technik wie beim Projekt selbst eingesetzt, aber es gibt auch Vorschläge zur Verwendung von anderen Methoden. Mit Hilfe des Index können Sie die entsprechende Anleitung leicht finden.

Statt nur zu erklären, wie sich meine Entwürfe nacharbeiten lassen, wird jedes Projekt mit einer kurzen Darstellung eingeleitet, wie sich diese Idee entwickelt hat. So werden Sie einige Grundsätze des Designbereichs verstehen – etwa in Bezug auf die Wahl der Farben oder das Übertragen eines flachen Musters auf ein dreidimensionales Objekt.

Schließlich wird das afrikanische Muster des Becherprojekts als Variationsmöglichkeit für alle Projekte aufgeführt, so dass Sie ein vollständiges, zusammenpassendes Geschirr schaffen können.

Ob Sie nun eben erst anfangen zu malen oder darin schon erfahren sind – ich hoffe, dass dieses Buch Ihnen neue Impulse vermittelt und Sie zum Experimentieren einlädt. Genießen Sie den kreativen Prozess!

KATE BYRNE

LINKS *Eine Auswahl an Pinseln und anderen Materialien, die zum Dekorieren von Keramiken eingesetzt werden, u.a. ein Sgraffito-Werkzeug.*

RECHTS *Farben zum Bemalen von Keramiken gibt es in unterschiedlicher Form. Die hier abgebildeten Unterglasuren in Pulverform werden mit einem Unterglasurträger gemischt und mit Wasser verdünnt.*

# Los geht’s

CC 142

# Oberflächen

Dieses Buch bietet alle nötigen Informationen für das Dekorieren von Biskuitporzellan. Bei Biskuitporzellan handelt es sich um eine Keramik, die gebrannt, aber noch nicht glasiert wurde.

Für Biskuitporzellan gibt es eine Reihe von Bezugsquellen. Töpferei-Cafés, die sich seit einigen Jahren vor allem in Großbritannien großer Beliebtheit erfreuen, bieten ein breites Sortiment an, das von Tassen und Untertassen bis hin zu Tellern und großen Schalen reicht, die mit farbigen Unterglasuren dekoriert werden können. In Volkshochschulkursen, Töpferateliers und bei verschiedenen anderen Lieferanten kann man Biskuitporzellan ebenfalls beziehen. Ungebrannter Ton kann auch mit Unterglasuren bemalt werden, ist jedoch zerbrechlicher und schwieriger zu handhaben.

Dieses Buch enthält acht spezifische Malprojekte für Biskuitporzellan sowie unzählige Ideen für Variationen. Keine Sorge, wenn die Gegenstände, die Sie bemalen wollen, nicht genau den von mir verwendeten entsprechen; meine Entwürfe lassen sich für ähnliche Formen leicht anpassen und bei allen Maßangaben handelt es sich um ungefähre Abmessungen.

Auf einigen Fotos werden Sie erkennen, dass der Gegenstand auf eine zum Dekorieren verwendete Drehscheibe (Tischränderscheibe) gestellt wurde. Obwohl dieses Hilfsmittel nicht unbedingt notwendig ist, lässt sich das zu bemalende Stück mit ihrer Hilfe leicht drehen, ohne dass Ihre Finger die Oberfläche berühren.

## Biskuitporzellan glasieren und brennen

Wenn Sie Ihre Keramik bemalt haben, lassen Sie sie von einem Fachmann weiterbearbeiten, der meistens eine klare Glasur aufträgt und das Stück dann im Brennofen brennen wird. Dabei wird die Unterglasurfarbe fixiert, so dass das fertige Stück wasserfest und glatt wird. Normalerweise können Sie Ihre Keramik nun als Essgeschirr verwenden und sie in der Geschirrspülmaschine reinigen. Zur Sicherheit sollten Sie aber immer erst auf dem Etikett des Unterglasurherstellers nachsehen.

Bei zwei der aufgeführten Projekte – die bonbonfarbene Tasse und Untertasse und die Salz- und Pfefferstreuer – sind spezielle Glasiertechniken erforderlich. Die vollständigen Anweisungen zu diesen Techniken finden Sie auf den jeweiligen Seiten.

## Glasierte Keramiken bemalen und im Backofen brennen

Mit Ausnahme des gestreiften Nudelgedecks und der Salz- und Pfefferstreuer können alle in diesem Buch beschriebenen Techniken für Acrylfarben angepasst werden, mit denen glasierte und gebrannte Keramiken bemalt werden. Vielleicht haben Sie bereits einige glasierte Stücke zu Hause. Andernfalls sind sie in den Haushaltsabteilungen der Kaufhäuser erhältlich. Sie können mit farbigen Acrylfarben bemalt und in einem gut belüfteten Raum in einem normalen Backofen gebrannt werden. Denken Sie immer daran, dass die bemalten Bereiche nie mit Nahrungsmitteln in Kontakt kommen sollten. Studieren Sie zur Sicherheit immer die Herstellerhinweise auf dem Etikett der Farbdose. Grundsätzlich sollten diese Gegenstände nur zu Dekorationszwecken verwendet werden.

LINKS *Die Streifen auf diesen Keramikzylindern zeigen, wie eine Farbe in einer, zwei oder drei Schichten wirkt. Wenn Sie die Zylinder nebeneinander oder aufeinander stellen, lassen sich die verschiedenen Farbtöne auf einen Blick vergleichen. Die Zahlen beziehen sich auf die Farbnummer.*

VORHERGEHENDE SEITE *Unglasierte, als »Biskuitporzellan« bezeichnete Keramiken.*

# Unterglasuren & Acrylfarben

## Unterglasuren mit dem Pinsel auftragen

Traditionell werden Unterglasurfarben als Pulver geliefert, die mit einem Unterglasurträger gemischt und dann mit Wasser verdünnt werden. Unterglasuren gibt es auch verdünnt in Tuben. Am einfachsten lassen sich die vorgemischten Unterglasuren verwenden, die in flüssiger Form in Dosen erhältlich sind und direkt auf das Biskuitporzellan aufgemalt werden können.

Unterglasuren sind in vielen Farben erhältlich, die auch gemischt werden können, um eigene Farbtöne zu schaffen. Die Unterglasur wird dann meist mit einer klaren Glasur übermalt und gebrannt, so dass die Farbe intensiver wird. Farben sollten daher aus einem Katalog oder mit Hilfe von glasierten und gebrannten Proben ausgewählt werden: Die in der Dose enthaltene Farbe ist eine trübere, grauere Version des Endergebnisses. Deshalb sind die Farben auf den Fotos, die die einzelnen Arbeitsschritte erklären, blasser als auf den fertigen Stücken. Sie können für Ihre Entwürfe beliebig viele Farben verwenden, zu empfehlen sind aber höchstens fünf Farben.

## Unterglasurstifte

Unterglasurfarben gibt es auch in Form von Stiften, Pastellstiften und Druckstempeln, mit denen sich feine Linien wunderbar zeichnen und Details und Beschriftungen leicht hinzufügen lassen. Beachten Sie, dass die Farbe mit Unterglasurstiften am Anfang und Ende der einzelnen Striche möglicherweise dicker aufgetragen wird.

## Fehler korrigieren

Kleine Fehler lassen sich mit einem sauberen, feuchten Tuch abwischen. Wenn die Farbe bereits getrocknet ist, kratzen Sie sie mit der Spitze eines Messers oder Skalpells ab. Blasse Farben sind später nicht mehr sichtbar, aber dunklere Farben können auf dem Biskuitporzellan leichte Flecken hinterlassen.

Wenn Sie bereits große Bereiche bemalt haben und ganz von vorn beginnen wollen, brauchen Sie viel Wasser, um die Unterglasur zu entfernen. Dazu müssen Sie das Stück möglicherweise ganz in Wasser eintauchen. In diesem Fall muss der Gegenstand völlig trocken sein, bevor Sie wieder mit dem Malen beginnen, und der Trocknungsvorgang kann einen Tag lang dauern. Um diesen Prozess zu beschleunigen, können Sie das Biskuitporzellan bei 150 °C etwa 30 bis 60 Minuten lang in den Backofen stellen. Die Zeitdauer hängt davon ab, wie feucht das Biskuitporzellan ist.

Zu guter Letzt achten Sie darauf, dass Sie Teile, die in direkten Kontakt mit dem Brennofenregal kommen, beispielsweise die Fußunterfläche einer Schale, nicht glasieren, da dieser Teil beim Brennen dann am Ofen festkleben würde. Säubern Sie diese Bereiche mit einem feuchten Schwamm.

GANZ LINKS *Die Blattformen auf dem Teller zeigen, wie Farben beim Übereinandermalen wirken.*

UNTEN *Farbabstufungen lassen sich durch zunehmende Farbschichten erzielen.*

## Malen mit Acrylfarben

Acrylfarben können im Backofen gehärtet werden und sind ideal zum Bemalen von Geschirr, das bereits glasiert und gebrannt wurde. Man kann sie sogar auf Glas verwenden. Falls Sie also keinen Zugang zu einem richtigen Brennofen haben, sind Acrylfarben eine gute Alternative zu Unterglasuren. Mit Ausnahme des Nudelgeschirrs und der Salz- und Pfefferstreuer lassen sich alle Techniken auf Acrylfarben übertragen. Anmerkungen dazu finden Sie bei jedem Projekt aufgeführt.

Im Gegensatz zu Unterglasuren müssen Acrylfarben anschließend nicht glasiert werden und die Farben verändern sich im Ofen nicht. Das, was Sie auf der Keramik sehen, entspricht dem Endergebnis. Am besten verwenden Sie ungiftige Farben, die Sie nur zu dekorativen Zwecken einsetzen. Sie bemalen nur jene Bereiche, die nicht mit Lebensmitteln in Berührung kommen. Wenn Sie etwa eine Servierschüssel dekorieren, bemalen Sie nur die Außenseite. Auf alle Fälle sollten Sie sich nach den Anweisungen des Herstellers richten.

Acrylfarben sind nicht in einem so großen Farbsortiment wie Unterglasuren erhältlich, aber man kann sie mischen, so dass schier unendlich viele Farben entstehen.

Die Intensität hängt davon ab, wie dick die Acrylfarbe aufgetragen wird. Eine Schicht sorgt für eine dichte Farbwirkung, die Farbe kann für eine Lasur jedoch auch verdünnt werden. Wenn Sie Farben übereinander malen, muss die erste Schicht trocken sein, bevor die nächste aufgetragen wird, da die Farbe sonst schmutzig wirkt. Muster können mit einem Bleistift markiert werden – allerdings brennen die Markierungen nicht wie im Brennofen ein. Deshalb sollten Sie über die Linien malen oder diese abwischen. Wenn Sie einen Fehler machen, wischen Sie die noch feuchte Acrylfarbe ab. Im trockenen Zustand kann sie auch mit einem Skalpell abgekratzt werden. Nach dem Malen reinigen Sie die Pinsel in heißem Seifenwasser, bevor die Acrylfarbe trocknet.

Brennen Sie die Keramiken nach Anweisung des Herstellers in einem Backofen in einem gut gelüfteten Raum. Normalerweise liegt die Temperatur für eine Zeitdauer von 30 bis 45 Minuten bei 170 °C.

# Hintergrundeffekte

Es gibt viele Techniken, die zur Kreation attraktiver Hintergrundeffekte eingesetzt werden können. Einige dieser Effekte sind so schön, dass – gerade bei kleineren Objekten – keine weiteren Dekorationen erforderlich sind. Man kann sie jedoch auch als Hintergrund für ein Hauptmuster verwenden oder mit anderen Techniken kombinieren. Sie können beispielsweise Schablonenmotive auf einen lasierten Hintergrund platzieren oder die eine Hälfte eines Gegenstands mit einer gesprenkelten Glasur und die andere Hälfte mit einem Monodruck versehen. Wenn Sie mit Hintergrundeffekten und den hier folgenden Techniken experimentiert haben, werden Sie sicherlich bald zu eigenen Ideen und Kombinationen finden.

## 1&4 Gesprenkelte Glasur

Diese Glasuren sind fertig gemischt in Dosen in einer Vielzahl von Farben erhältlich, wobei die Menge und Größe der Sprenkel unterschiedlich ist. Tragen Sie ein bis drei Schichten auf das Biskuitporzellan auf, wie Sie es mit normalen Unterglasurfarben auch tun. Die Farben lassen sich bei diesen Glasuren nicht mischen und dieser Glasurtyp ist auch nicht als Acrylfarbe erhältlich.

## 2 Craquelée-Glasur

Tragen Sie eine Schicht wie eine klare Glasur auf. Beim Brennen craqueliert die Glasur, so dass feine Risse sichtbar werden. Malen Sie mit Acrylfarbe über die Craquelée-Glasur (dunkle Farben sind am effektvollsten) und achten Sie darauf, dass die Farbe in die Risse eindringt. Wischen Sie überschüssige Farbe mit einem feuchten Schwamm ab. Sie können normale Acrylfarbe oder auch ofengebrannte Acrylfarbe verwenden, wenn Sie erwarten, dass das Stück häufig gewaschen wird. Krakeleeglasuren sind nur für Dekorationsstücke geeignet. Wenn Sie anstelle von Acrylfarbe eine Unterglasur verwenden, muss das Stück erneut gebrannt werden.

## 3 Auftrag mit dem Schwamm

Wenn eine Unterglasur mit dem Schwamm aufgetragen wird, ergeben sich andere Effekte. Am besten verwendet man einen runden Schwamm ohne Ecken. Tauchen Sie ihn in die Unterglasur, drücken Sie überschüssige Farbe aus und tupfen Sie die Farbe dann leicht auf die Oberfläche auf. Falls nötig, wiederholen Sie die Prozedur mit einer zweiten Schicht oder verwenden eine weitere Farbe.

## 5 Unterglasur-Pastellstifte

Mit Unterglasur-Pastellstiften lässt sich eine Reihe von Effekten erzielen. Versuchen Sie, Zickzacklinien zu malen, wie es die Abbildung zeigt, oder experimentieren Sie mit anderen Mustern, beispielsweise Kreuzschraffierungen oder Streifen. Weichere Linien erzielen Sie durch Verwischen mit dem Finger. Bei den Salz- und Pfefferstreuern (*siehe Seite 76*) wurde diese Technik mit einer gesprenkelten Glasur kombiniert.

## 6 Spritztechnik

Sie können eine feste Bürste, etwa eine Zahnbürste, verwenden. Tauchen Sie die Bürste in die Farbe ein und schnipsen Sie die Farbe dann sorgfältig auf die Keramik. Diese Technik kann bei einem weißen oder farbigen Unterglasurhintergrund angewendet werden.

## 7 Lasur

Eine Lasur wird durch Verdünnen einer Unterglasur mit Wasser erzeugt, so dass eine weniger intensive Farbe entsteht. Tragen Sie die Lasur mit einem breiten Pinsel auf.

## 8 Matte Unterglasur

Manche Unterglasurfarben müssen nicht glasiert werden; beim Brennen bleibt die Farbe dann stumpf und matt. Eine solche Oberfläche wirkt besonders schön in Kombination mit glasierten Bereichen, in denen die Farbe intensiver wirkt und glänzt. Beim Projekt »Bonbonfarbene Tasse und Untertasse« (*siehe Seite 58*) habe ich die untere Hälfte der Tasse nicht glasiert, so dass ein matter Kontrast zur glasierten oberen Hälfte entstand. Man kann bestimmte Bereiche auch matt belassen, indem man sie abdeckt und die Keramik dann glasiert (*siehe auch 10 und 11 auf Seite 19*).

8
7
1
2
3
6
5
4

5
4
6
3
7
8
2
1

# Diverse Techniken

Das Schöne beim Bemalen von Keramiken ist die Bandbreite von Techniken, die man verwenden kann. Experimentieren Sie mit Drucktechniken wie Stempeln, Schablonieren, Monodruck und Farbauftrag mit dem Schwamm. Sie können aber auch mit Pinsel, Pastellstift, Buntstift oder Sgraffito-Werkzeug malen. Motive können allein oder miteinander kombiniert auf einen einfarbigen oder strukturierten Hintergrund aufgetragen werden. Die folgenden Techniken werden bei den einzelnen Projekten erläutert, aber falls Sie sie variieren oder andere Entwürfe schaffen möchten, finden Sie hier Erläuterungen zu den einzelnen Verfahren.

## 1 Gummistempel

Sie können Gummistempel fertig kaufen oder einfache Formen selbst ausschneiden. Wenn Sie eigene Stempel herstellen, kleben Sie das Gummimotiv auf einen Holzblock. Stempel sind ideal für Wiederholungsmuster geeignet und können für verschiedene Farben verwendet werden, wenn man sie vor jedem Farbwechsel wäscht.

## 2 Malen

Beim Malen bestehen fast keine Einschränkungen, obwohl für sehr gerade Linien oder eckige Formen ein gewisses Geschick erforderlich ist. Wählen Sie unter den auf Seite 20–21 beschriebenen Pinseln aus, um unterschiedliche Effekte zu erzielen.

## 3 Sgraffito

Bei dieser Technik wird das Muster mit einem Sgraffito-Werkzeug oder einem feinen, spitzen Instrument in die Unterglasur eingekratzt, so dass die Farbe des Biskuitporzellans sichtbar wird. Auf diese Weise lassen sich feinere Details als beim Schablonieren oder Stempeln schaffen.

## 4 Unterglasur-Pastellkreiden und -Pastellstifte

Diese Stifte sind gut für Umrisse und das Herausarbeiten von Details, etwa bei einem Blatt und seinen Adern, geeignet.

## 5 Unterglasurstifte

Diese Stifte sind mit unterschiedlich großen Spitzen (dick, mittel oder fein) erhältlich. Die gezeichneten Linien sind härter als bei Pastellkreiden und gut für starke Umrisse und kühne Details geeignet. Sie können als Alternative zum Farbauftrag mit dem Pinsel auch beim kreuzweisen Schraffieren eingesetzt werden.

## 6 Stempeln mit dem Schwamm

Dabei erzielt man eine lockerere Wirkung als mit Gummistempeln. Sie können solche Stempel fertig kaufen oder sie aus Schwammmaterial selbst ausschneiden. Schwämme sind flexibler als Gummistempel und ideal für große gekrümmte Oberflächen. Nehmen Sie sie für einfache Motive, da es schwierig ist, komplizierte Details aus Schwamm auszuschneiden.

## 7 Monodruck

Dabei wird das Motiv auf Küchenpapier aufgemalt und dann auf das Biskuitporzellan gedruckt. Es entstehen verschwommene Linien, die einen wirkungsvollen Kontrast zu klaren Linien bilden. Monodruck ist für jede Oberfläche geeignet.

## 8 Schablonieren

Mit Schablonen lassen sich klare Linien und Kanten herstellen. Sie können Schablonen fertig kaufen oder selbst ausschneiden. Durchsichtiger Acetatfilm ist am besten geeignet. Damit die Farbe nicht unter der Schablone ausläuft, dicken Sie die Unterglasur mit etwas Kaolin (Porzellantonerde) pastos an.

1

3

6

8

#Ausspartechniken

Durch Abdecken einzelner Stellen kann man schöne Effekte erzielen. Dieses Verfahren wird als Ausspartechnik bezeichnet, wobei es sich im Prinzip um das Gegenteil vom Schablonieren handelt. Wenn Sie etwa kreisförmige Klebeetiketten auf eine Oberfläche kleben, das Stück mit einer farbigen Unterglasur bemalen und die Etiketten dann wieder entfernen, bilden die ausgesparten Bereiche ein Punktemuster. Geeignete Materialien für diese Technik sind Etiketten, Kreppband, Papier, Abdeckflüssigkeit oder Wachsemulsion. Im Allgemeinen werden diese Materialien nach Auftrag der Unterglasur entfernt. Wenn Farbe unter Abdeckmuster gelangt, kann sie nach dem Trocknen mit einem Skalpell oder Teppichmesser entfernt werden. Sie können auch mehr als eine Unterglasurfarbe abdecken, indem Sie in mehreren Phasen arbeiten. Allerdings muss die in der letzten Phase aufgetragene Unterglasurschicht trocken sein, bevor die nächsten Schichten aufgetragen werden (siehe **2** und **9**).

## Abdeckflüssigkeiten

Mit Abdeckflüssigkeiten kann man mehr Vielfalt in Abdeckmuster bringen, da das Muster mit dem Pinsel aufgetragen wird. Mit Flüssigkeiten wie Latex oder Abdeckflüssigkeit für die Aquarellmalerei können Bereiche ausgespart werden, die nicht mit Unterglasuren auf Wasserbasis in Berührung kommen sollen. Malen Sie das Muster möglichst dick auf, lassen Sie es gründlich trocknen, und tragen Sie dann die Unterglasur auf. Vor dem Brennen entfernen Sie die Abdeckflüssigkeit (siehe **8**). Wachsemulsion kann ebenfalls verwendet werden. Um sie zu entfernen, muss die Keramik ein zweites Mal gebrannt werden. Sie ist gut für Spritzverfahren und für winzige Punktemuster geeignet (siehe **5** und **6**).

## Kreppband

Kreppband ist ideal zum Abdecken von geraden Kanten, Umrandungen und Streifen und ist für ebene und abgerundete Oberlächen geeignet (siehe **3** und **7**). Lange Streifen werfen auf gekrümmten Oberflächen Falten, so dass man lieber kürzere Streifen verwendet, deren Enden jeweils aneinander stoßen.

## Papier

Mit Papier lassen sich große Bereiche aussparen. Dünnes Papier ist ideal zum Umwickeln von gekrümmten Oberflächen geeignet, während Linienpapier zerrissen werden kann, so dass ungleichmäßige Kanten entstehen (siehe **4**). Befestigen Sie Papier auf der Oberfläche, indem Sie es anfeuchten oder gut festhalten. Tragen Sie die Unterglasur auf, wenn das Papier noch feucht ist. Lassen Sie das Papier nicht zu nass werden.

## Etiketten

Selbstklebende Etiketten gibt es in vielen Formen und Größen (siehe **1**, **2**, **3**, **9**, **10** und **11**).

1 Ausspartechnik mit Quadraten, die aus Etiketten ausgeschnitten wurden; von Hand aufgemalte Tupfen.

2 Ausspartechnik mit sternchenförmigen Etiketten, so dass die Sterne beim Bemalen mit gelber Farbe weiß ausgespart wurden. Anschließend wurden mittig auf die Sterne quadratische Etiketten aufgeklebt und das Ganze mit roter Farbe übermalt.

3 Ausspartechnik mit Sternenetiketten und Kreppband; von Hand gemalte Tupfen.

4 Ausspartechnik mit zerrissenem Papier.

5 und 6 Ausspartechnik; die Punkte wurden mit Wachsemulsion aufgemalt.

7 Ausspartechnik mit Kreppband.

8 Ausspartechnik mit flüssigem Abdeckmittel.

9 Ausspartechnik mit kreisförmigen Etiketten, die mit Gelb übermalt wurden. Dann wurden Kreise mittlerer Größe ungefähr etwa auf die kleinen Punkte geklebt, bevor das Ganze mit braun übermalt wurde; die roten Punkte wurden von Hand aufgemalt.

10 Ausspartechnik und Glasieren von Punkten. Kleine Kreise wurden aufgeklebt, sie sparen die weißen Bereiche aus. Dann wurden große Kreise auf die kleinen geklebt, damit diese Bereiche nicht glasiert wurden. Nach dem Entfernen der Etiketten wurden die weiß verbliebenen Punkte glasiert.

11 Ausspartechnik und Glasieren von Punkten. Kreise von mittlerer Größe wurden aufgeklebt, wodurch die weißen Bereiche ausgespart wurden. Dann wurden große Kreise mittig auf diese Bereiche aufgeklebt, damit diese nicht glasiert wurden, und ein Ring entstand. Nach dem Entfernen der Etiketten wurden auf die weiß verbliebenen Bereiche Kreuze und Punkte aufgemalt. Die von den ersten Etiketten abgedeckten Bereiche wurden dann glasiert, so dass nur der Ring unglasiert blieb.

6
5
7
8
4
3
9
11
2
10
1

# Pinsel

Pinsel gibt es in vielen Formen und Größen: breite und flache bis hin zu äußerst feinen und spitzen. Es kann schwierig sein, geeignete Pinsel zu finden. Die Preise sind von der Qualität abhängig. Bevor Sie also ein Vermögen für teure Pinsel ausgeben, lohnt es sich herauszufinden, welche Malrichtung und Techniken Sie bevorzugen.

Generell sind Pinsel mit abgerundeten Spitzen gut geeignet für Detailarbeiten und abgerundete Formen wie Blütenblätter, während flache Pinsel ideal für gerade Linien, den Hintergrund und breite Farbbereiche sind. Beim Malen von Umrissen werden Sie feststellen, dass Sie über Pinsel mit kurzen Borsten mehr Kontrolle haben, während längere Borsten mehr Unterglasur aufnehmen.

Experimentieren Sie zuerst auf Papier mit verschiedenen Pinseln. Versuchen Sie, die Unterglasurmenge im Pinsel und den Druck, den Sie ausüben, zu variieren. Setzen Sie verschiedene Teile des Pinsels, etwa die Spitze oder die Seite, ein; verändern Sie die Malgeschwindigkeit, und versuchen Sie den Pinselstrich so zu beenden, dass Sie den Pinsel abrupt abheben oder den Strich langsam auslaufen lassen. Üben Sie auch das Malen einer fortlaufenden Linie, indem Sie den Druck variieren, so dass der Strich schmaler und breiter wird.

Einige der nützlichsten Pinsel für die Projekte in diesem Buch sind hier gegenüber abgebildet. Die vier Pinsel, die ich am häufigsten verwende, sind ein kleiner runder Pinsel, ein Pinsel mittlerer Größe mit runder Spitze, ein feiner Schreibpinsel und ein 2,5 cm breiter flacher Pinsel (siehe **3**, **6**, **5** und **1**).

## Pflege und Reinigung

Wenn Sie Unterglasuren auf Wasserbasis verwenden, reinigen Sie die Pinsel in heißem Seifenwasser, wenn Sie mit dem Malen fertig sind. Wenn Sie Abdeckflüssigkeit oder Wachsemulsion aufgetragen haben, reinigen Sie die Pinsel sofort nach Anweisung des Herstellers.

1 **2,5 cm breiter flacher Pinsel.** Setzen Sie diesen Pinsel für den Hintergrund und große einfarbige Bereiche ein sowie für kühne Striche, Streifen und Zickzacklinien. Quadrate können mit kurzen Strichen gemalt werden.

2 **1,5 cm breiter flacher Pinsel.** Verwenden Sie ihn wie den 2,5 cm breiten Pinsel, jedoch für dünnere Streifen und kleinere Quadrate.

3 **Kleiner abgerundeter Pinsel.** Dieser Pinsel ist nützlich für Tupfen, Linien mittlerer Stärke und zum Ausmalen einzelner Stellen.

4 **Schablonierpinsel.** Damit können Sie Farbe durch Schablonen tupfen. Als Alternative können Sie auch einen kleinen Schwamm verwenden.

**5 Feiner Schreibpinsel.** Mit diesem Pinsel malen Sie fortlaufende Linien, Details und Umrisse.

**6 Mittlerer angerundeter Pinsel.** Mit diesem vielseitigen Pinsel können Sie Linien malen, Bereiche füllen und spitze Formen wie etwa Blätter kreieren, indem Sie ihn am Ende jedes Strichs abheben.

**7 Unterglasurstift.** Unterglasurstifte gibt es in drei Stärken. Sie sind gut zum Malen feiner, gleichmäßiger Linien geeignet. Sie sind nicht als Acrylfarben erhältlich und können daher nicht auf glasierten Keramiken verwendet werden.

**8 Unterglasur-Pastellstift/Pastellkreide.** Mit diesen Stiften fügen Sie Glanzlichter oder einen Kontrast zu einer Linie hinzu. Durch Verreiben mit dem Finger entsteht eine weichere Wirkung.

**9 Feiner spitzer Pinsel.** Verwenden Sie diesen Pinsel für kleine Tupfen, feine Linien, Kreuzschraffuren, kurze Striche und Umrisslinien.

**10 Mittlerer Schreibpinsel.** Damit lassen sich ähnliche Effekte wie mit dem feinen Schreibpinsel erzielen, aber die Linien werden breiter.

**11 1 cm breiter flacher Pinsel.** Dieser Pinsel wird für Streifen, Quadrate, Zickzacklinien und kurze Striche verwendet. Als Alternative können Sie einen stabförmigen Schwamm verwenden.

**12 Extrafeiner Schreibpinsel.** Dies ist eine kürzere, dünnere Version des feinen Schreibpinsels. Er wird für haardünne Linien verwendet.

# Muster entwerfen

Die Kreation von Mustern ist letztlich ein sehr persönlicher Prozess, doch durch einige Überlegungen vorab kann man die Auswahlmöglichkeiten etwas einschränken. Wenn Sie über wenig oder keine Erfahrung in diesem Bereich verfügen, helfen Ihnen die folgenden Richtlinien, eigene Ideen zu entwickeln.

Zuerst ziehen Sie die Form Ihres Gegenstands in Betracht. Ein einfacher Teller kann wie eine runde Leinwand behandelt werden und das Gesamtmuster muss keine zusätzlichen Dimensionen einbeziehen. Ein Behälter, etwa ein Krug oder eine Teekanne, hat zusätzliche Merkmale: Rand, Henkel, Schnaupe oder Deckel – Merkmale, die Sie möglicherweise in Ihren Entwurf einbeziehen möchten.

Auch die Funktion des Gegenstands kann erwogen werden. Wenn Sie funktionales Geschirr bemalen wollen, sollten Sie überlegen, wie es bei Gebrauch wirkt. Möchten Sie einen komplizierten Entwurf, der das ganze Stück einbezieht, oder lieber ein minimales Design, etwa nur einen Rand? Wenn Sie einen Becher dekorieren, sollten Sie bedenken, dass die Unterseite sichtbar wird, wenn der Becher an den Mund geführt wird oder wenn er unter einem Geschirrschrank hängt. Dieser Bereich sollte also nicht vergessen werden.

Wenn es sich um einen reinen Dekorationsgegenstand handelt, denken Sie evtl. bereits an einen bestimmten Platz, wo Sie ihn zur Schau stellen möchten. In diesem Fall könnten Stil und Farbe, die Sie wählen, vom Raum beeinflusst werden. Wenn Sie den Gegenstand verschenken wollen, könnten Sie ihn durch einen Namen persönlich gestalten oder mit einem Motiv versehen, das dem Anlass entspricht.

## Positionierung des Musters vor dem Bemalen

Wenn Sie eine allgemeine Vorstellung vom Muster haben, experimentieren Sie auf Papier, statt direkt auf das Biskuitporzellan zu malen. Mit einem Fotokopierer können Sie Motive vergrößern oder verkleinern. Für flache Gegenstände können Sie Ihren Entwurf maßstabgetreu auf einen Papierrest malen. Bei runden Objekten kleben Sie ausgeschnittene Papiermuster mit Tesaband auf den Gegenstand. Auf diese Weise erhalten Sie eine Vorstellung, welche Größen und Positionen am besten wirken. Sie können die Motive sogar bunt anmalen, um sich ein besseres Bild vom fertigen Objekt zu machen.

*Dieses Schablonenmuster wurde zuerst mit Bleistift markiert, um ein Muster mit regelmäßigen Abständen zu erhalten. Die Bleistiftlinien verschwinden, wenn die Keramik im Brennofen gebrannt wird.*

## Entwurf mit Bleistift vormalen

Eine weitere Möglichkeit besteht darin, den Entwurf direkt mit dem Bleistift auf das Biskuitporzellan zu zeichnen, bevor Sie die Unterglasur auftragen. Das Graphit lässt sich mit einem feuchten Schwamm abwischen, wenn Sie etwas ändern wollen, es verbrennt aber auf jeden Fall später im Brennofen. Bei bereits glasierten Keramiken verbrennt das Graphit nicht, so dass sichtbare Markierungen abgewischt werden müssen, bevor der Gegenstand in den Ofen gestellt wird.

## Die Kreismitte finden

Bei manchen Entwürfen ist etwas mehr Genauigkeit erforderlich. Um die Mitte eines Tellers oder einer runden Oberfläche zu finden, stellen Sie den Gegenstand auf ein Stück Papier und fahren mit dem Stift darum herum. Schneiden Sie den Kreis aus, falten Sie ihn zur Hälfte um und dann wieder zur Hälfte und öffnen ihn wieder. Die Kreismitte befindet sich am Schnittpunkt der Linien.

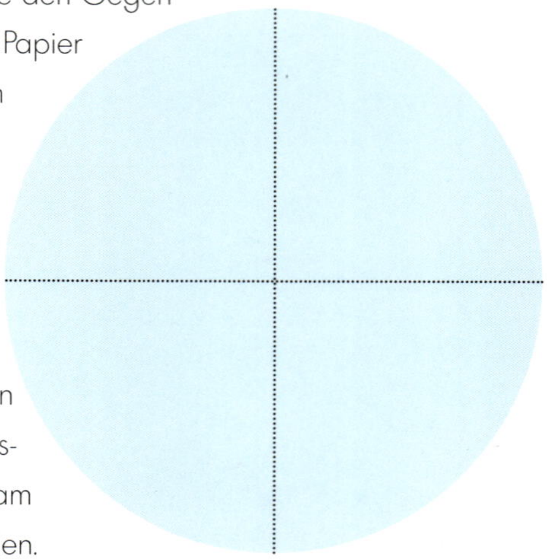

# Motive übertragen

Wenn Sie die Position Ihrer Motive festgelegt haben, müssen sie auf das Biskuitporzellan übertragen werden. Falls Sie es sich nicht zutrauen, diese von Hand zu zeichnen, und auch keine Schablonen eingesetzt werden können, übertragen Sie die Motive entweder mit durchscheinendem Pauspapier oder im Monodruckverfahren direkt auf die Oberfläche.

2

1

## Papiermotive übertragen

Für diese Methode brauchen Sie durchscheinendes Pauspapier sowie einen harten und einen weichen Bleistift. Sie können die Motive hinten im Buch verwenden oder nach anderen Inspirationsquellen suchen. Einfache Entwürfe sind für den Anfang am besten geeignet. Falls nötig, werden sie mit Hilfe eines Fotokopierers vergrößert oder verkleinert.

Übertragen Sie das Motiv mit einem weichen Bleistift auf das Pauspapier. Drehen Sie das Pauspapier um und kritzeln Sie mit dem weichen Bleistift über die gesamte Rückseite des Entwurfs (siehe **1**).

Bringen Sie das Pauspapier (mit der bekritzelten Seite nach unten) auf dem Biskuitporzellan in Position. Halten Sie es gut fest und fahren Sie mit einem harten Bleistift über die vorhandenen Bleistiftlinien, so dass das Motiv auf den Gegenstand übertragen wird (siehe **2**).

1

2

## Motive im Monodruckverfahren übertragen

Bei dieser Technik, bei der eine weiche Linie entsteht, wird das Motiv auf ein Küchenpapier gemalt, bevor es auf den Gegenstand übertragen wird. Sie müssen sich nicht auf Umrisse beschränken, sondern können auch Formen mit Farben ausmalen. Wenn Ihnen das Motiv nicht gefällt, beginnen Sie von Neuem, und wenn Sie auf dem Biskuitporzellan einen Fehler machen, wischen Sie die Farbe mit einem feuchten Schwamm ab.

Mit einem weichen Blei- oder Filzstift übertragen Sie Ihr Motiv auf ein Küchenpapier (das leicht transparent sein sollte). Malen Sie mit einer dicken Schicht Unterglasur den Umriss nach (siehe **1**). Bringen Sie das Motiv (Farbseite unten) auf dem Gegenstand in Position. Tupfen Sie mit einem feuchten Schwamm darüber. Das Papier wird transparent und Sie werden sehen, wie sehr die Linien »ausbluten« (siehe **2**). Wenn Sie mit dem Resultat zufrieden sind, nehmen Sie das Papier ab (siehe **3**).

Falls Sie für Ihr Muster mehr als ein Motiv benötigen, zeichnen Sie die einzelnen Teile auf separate Stücke Küchenpapier, da jedes nur einmal verwendet werden kann.

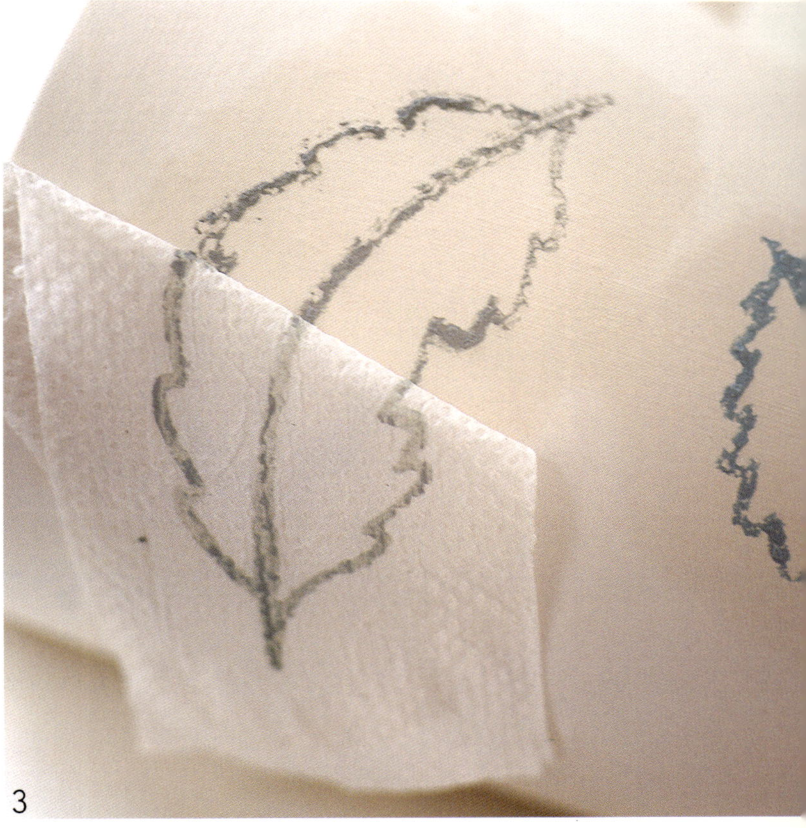

3

# Farbdynamik

Die Arbeit mit Farben ist eine aufregende Herausforderung mit unendlich vielen Möglichkeiten. Wenn Sie Ihr Muster entwerfen, müssen Sie selbst in den Anfangsphasen wissen, welche Wirkung Sie erzielen wollen. Wenn Sie sich mit Farbtheorie ein wenig auskennen, hilft Ihnen dies, Ihre Ideen umzusetzen. Falls Sie eine warme, lebhafte Wirkung wünschen, wird die Farbenwahl dadurch diktiert. Gedämpfte Farben haben beispielsweise eine dezente Wirkung, während einige Farbkombinationen kühl und beruhigend sind. Dies ist weniger kompliziert, als es sich anhört. Selbst wenn Sie nichts über die Wirkung von Farben wissen, müssen Sie keinen Kurs in Farbtheorie absolvieren, um die Grundsätze zu verstehen. Hier finden Sie einige Richtlinien, mit deren Hilfe Sie sich einige erfolgreiche Farbkombinationen ausdenken können.

## Farbmischungen

Die meisten sind mit dem Konzept der Primärfarben vertraut. Bei diesen Farben handelt es sich um Rot, Gelb und Blau und alle anderen Farben bestehen aus einer Kombination dieser Farben. Zwei Primärfarben, die miteinander gemischt werden, ergeben eine Sekundärfarbe: Orange (Gelb und Rot), Lila (Rot und Blau), Grün (Blau und Gelb). Wenn diese Farben nun gemischt werden, entstehen die Tertiärfarben, beispielsweise Olivgrün, Türkisblau und so weiter.

Wenn zu einer Primär-, Sekundär- und Tertiärfarbe Weiß hinzugefügt wird, entsteht eine »Abtönung«, durch Beimengung von Schwarz eine »Schattierung«. Farben haben denselben Tonwert, wenn dieselbe Menge Schwarz oder Weiß mit ihnen gemischt wurde. Puderblau, Hellrosa und Pistaziengrün haben beispielsweise denselben Tonwert. Eine Möglichkeit, Farben erfolgreich in einem Muster zu kombinieren, besteht darin, mit Farben zu arbeiten, die denselben Ton haben.

## Komplementärfarben

Einige Farbkombinationen – Rot und Grün, Gelb und Lila, Blau und Orange – bringen untereinander jeweils ihre stärkste Wirkung hervor. So wirkt Lila neben Gelb intensiver, welches wiederum aufgrund der Nähe zu Lila lebhafter erscheint. Wenn Sie Kombinationen aus Komplementärfarben für Ihre Entwürfe wählen, entsteht eine schwungvolle und glühende Wirkung.

## Warme und kalte Farben

Farben lassen sich außerdem als warm oder kalt kategorisieren, wobei Rot die wärmste und Blau die kälteste Farbe ist. Innerhalb dieses Bereichs existiert ein ganzes Farbspektrum, das von warm bis kühl reicht. Orange und Gelb sind warm, während blaue und grüne Farbtöne kühl sind. Um ein Blau etwas »aufzuwärmen«, könnte man mehr Rot hinzufügen, während man zum »Abkühlen« von Orange etwas Blau dazugeben könnte. Warme Farben sind neben kühlen Farben dominant. Wenn Sie daher ein Muster aus Rot und Blau entwerfen, sticht das Rot automatisch hervor.

Eine interessante Wirkung lässt sich erzielen, wenn man eine warme oder kalte Farbpalette wählt und diese dann mit einer winzigen Menge der jeweils anderen Palette belebt. Für den Afrika-Becher (*siehe Seite 38*) habe ich warme Farben verwendet, aber ein wenig Grün eingesetzt, um einige der ovalen Motive abzukühlen. Ich hätte auch blaue und grüne Farbtöne nehmen und diese mit etwas Rot beleben können.

## Wie viele Farben soll man verwenden?

Muster, bei denen mehr als fünf Farben verwendet werden, können verwirrend sein; dies gilt für das Malen und für das Betrachten. Versuchen Sie, weniger Farben zu verwenden, aber setzen Sie ruhig verschiedene Töne derselben Hauptfarbe ein. Wenn Sie beispielsweise eine rote Teekanne herstellen wollen, wählen Sie zwei andere Rottöne wie Orange und Pink, die Sie dann mit einer kleinen Menge Kontrastfarbe, beispielsweise Grün, hervorheben. Sie können weitere Reize schaffen, indem Sie Töne derselben Farben mischen und zum Beispiel einen blaugelben Becher mit einem dunkleren Blau- oder Gelbton ergänzen. Sie können auch mit Abtönungen und Schattierungen von nur einer Farbe arbeiten und etwa eine Vase mit Lila, einem mit Weiß gemischten Lila und einem mit Schwarz gemischten Lila bemalen.

Welche Farben Sie auch wählen, Sie sollten zuvor mit ihnen auf Papier experimentieren. Falls Sie mehr als fünf Farben verwenden und der Entwurf kompliziert ist, können Sie die Farben in einer Skizze mit Zahlen versehen und sich danach richten, wenn Sie anschließend den Gegenstand bemalen. Dieses Verfahren erinnert an das Malen nach Zahlen!

# Projekte

# Nudelgeschirr

Ich wollte bei diesem Set, das aus Schüsseln und Tellern besteht, unbedingt seine Einfachheit unterstreichen und ein Design entwerfen, bei dem sich die einzelnen Teile ergänzen, das aber gleichzeitig nicht zu überwältigend wirkt. Die glatte, ununterbrochene Krümmung der tiefen Schüssel eignet sich wunderbar für ein Streifenmuster, durch das die Höhe stark betont wird. Wenn die Schüssel flach gewesen wäre, hätte ich waagrechte Linien einsetzen können, um ihre Breite zu unterstreichen.

Stark gemusterte Teller können beim Essen ablenken. Aus diesem Grund habe ich ein Detail von der Schüssel übernommen und es als Innenrand auf die Teller übertragen. Das Randmuster des größeren Tellers befindet sich viel näher am Tellerrand als beim kleineren Teller. Dadurch bleibt das Muster sichtbar, wenn die Teller als Gedeck aufeinander gestellt werden.

Wenn Sie das Design vereinfachen möchten, verwenden Sie einen breiteren Pinsel, mit dem Sie weniger und dickere Streifen auftragen und die Anzahl der waagrechten Linien auf drei reduzieren. Sie können die Linien auch durch ein breiteres waagrechtes Band ersetzen.

*Das Grundmuster befindet sich auf der Schüssel; Details werden auf den Tellern wiederholt. So wirkt das Set zusammen betrachtet nicht zu verwirrend und enthält gleichzeitig ein vereinigendes Thema.*

## Materialien

Biskuitporzellan:
Schüssel, etwa 15 cm Durchmesser
großer Teller, etwa 28 cm Durchmesser
mittelgroßer Teller, etwa 23 cm Durchmesser
Lineal aus Acetatfolie
Bleistift
evtl. Drehscheibe
großer Joghurtbecher oder Ähnliches
Abdeckflüssigkeit
evtl. Kreppband
scharfes Messer
evtl. Skalpell
evtl. Zirkel

## Pinsel

feiner Schreibpinsel
2,5 cm breiter flacher Pinsel
feiner spitzer Pinsel

## Unterglasurfarben

Lila
Dunkellila

## Techniken

Streifen malen
Ausspartechnik

## Varianten

Siehe Seiten 35-37

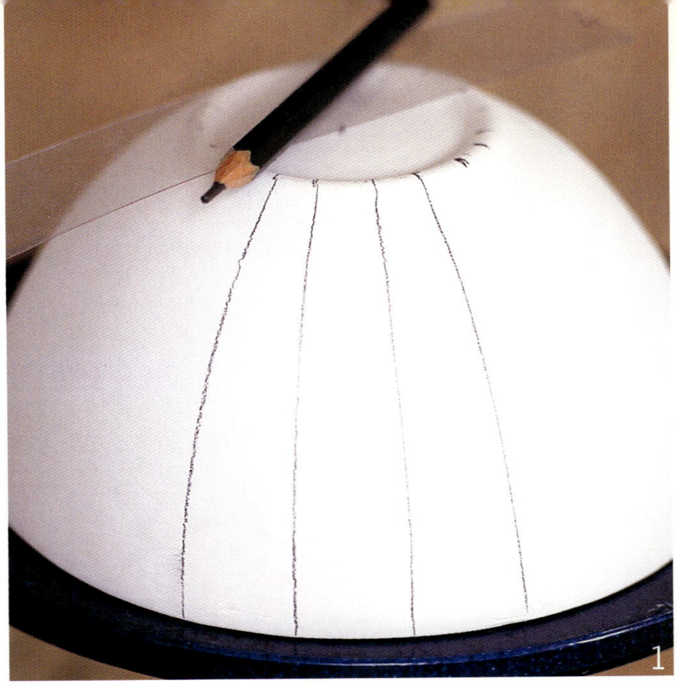
1

1 **DEN ENTWURF ÜBERTRAGEN** Stellen Sie die Schüssel umgedreht hin und markieren Sie die Mitte des Bodens. Sie können dazu ein Lineal verwenden oder nach Augenmaß verfahren *(siehe Seite 22)*. Nun tragen Sie am Boden der Schüssel im Abstand von etwa 1 cm Punkte ein. Es ist wichtig, dass diese Markierungen einen gleichmäßigen Abstand haben, um eine regelmäßige Streifenwirkung zu erzielen. Mit dem Lineal richten Sie diese Markierungen um den unteren Schüsselrand herum an ihrem Mittelpunkt aus. Nun ziehen Sie gerade Linien vom Boden zum Rand.

2 **ABDECKFLÜSSIGKEIT AUFTRAGEN** Stellen Sie die Schüssel umgekehrt auf einen großen Joghurtbecher, so dass sich der Schüsselrand oberhalb der Arbeitsfläche befindet. Tauchen Sie den feinen Schreibpinsel in die Abdeckflüssigkeit und malen Sie über die senkrechten Bleistiftlinien, wobei Sie das Lineal zu Hilfe nehmen. Reinigen Sie das Lineal nach jeder Linie mit einem Tuch, und achten Sie darauf, dass die Abdeckflüssigkeit recht dick aufgetragen wird, da sie sich später leichter abziehen lässt. Außerdem werden so die Linien richtig abgedeckt. Wenn Sie Fehler machen, warten Sie etwa 10 Minuten, bis die Flüssigkeit trocken ist, um den Streifen abzuziehen und neu aufzutragen. Waschen Sie den Pinsel in heißem Seifenwasser, sobald Sie fertig sind.

Wenn die Flüssigkeit trocken ist – sie sollte sich beim Berühren klebrig anfühlen, aber nicht haften bleiben –, tragen Sie mit dem flachen Pinsel drei separate Schichten lilafarbene Unterglasur auf der Außenseite der Schüssel auf. Machen Sie senkrechte Pinselstriche, die in derselben Richtung wie die mit der Abdeckflüssigkeit aufgetragenen Linien verlaufen, um zu vermeiden, dass die Streifen versehentlich abgezogen werden. Lassen Sie die Farbe trocknen.

2

3

4

## 3 WAAGRECHTE LINIEN ZIEHEN

Markieren Sie fünf waagrechte Linien um den oberen Rand der Schüssel herum. Bei meinem Entwurf befindet sich die erste etwa 1,5 cm unterhalb des Randes und 2 cm über der fünften Linie, doch Sie können diesen Abstand auch mit dem Auge abschätzen. Wenn Sie nicht ohne Hilfsmittel zeichnen wollen, verwenden Sie Kreppbandstreifen, um die erste und fünfte Linie zu markieren, und dann Lineal und Bleistift, um die drei inneren Linien aufzuzeichnen.

Mit dem feinen Schreibpinsel malen Sie die erste und fünfte Linie in Dunkellila auf. Die Farbmenge auf dem Pinsel sollte recht dick sein, damit Sie die Linien jeweils nur einmal ziehen müssen. Malen Sie die Linien in Abschnitten, wie es das Foto zeigt, da Sie dann die Schüssel nicht ständig drehen müssen. Wenn eine Linie wacklig wird, können Sie sie begradigen, wenn Sie den nächsten Strich auftragen. Wiederholen Sie das Ganze mit den drei inneren Linien.

## 4 DIE ABDECKFLÜSSIGKEIT ABZIEHEN

Mit einer scharfen Messerspitze fahren Sie unter die Linien aus Abdeckflüssigkeit und ziehen sie mit den Fingern ab. Wenn Sie die Linien dick aufgetragen haben, sollten sie sich leicht ablösen lassen. Wenn sie zu dünn sind, werden Sie evtl. feststellen, dass etwas Unterglasur unter die Streifen gelaufen ist. In diesem Fall kratzen Sie die Farbe mit dem Skalpell ab. Wenn Sie Kreppband verwendet haben, ziehen Sie es ab. Die Schüssel kann jetzt glasiert und gebrannt werden.

5

**5 DEN ENTWURF AUF DEN TELLER ÜBERTRAGEN** Markieren Sie das Muster mit dem Bleistift. Das lilafarbene Band sollte etwa 2 cm breit sein. Es kann mit oder ohne Hilfsmittel (Zirkel oder eine Schablone aus Karton) aufgezeichnet werden. Ziehen Sie die Querlinien im Abstand von etwa 2 cm. Dann übermalen Sie die Linien mit Abdeckflüssigkeit mit einem feinen spitzen Pinsel wie in Schritt 2 beschrieben.

**6 UNTERGLASUR AUFTRAGEN** Verwenden Sie den 2,5 cm breiten flachen Pinsel, um das Band mit zwei oder drei Schichten lilafarbener Unterglasur auszufüllen. Lassen Sie die Farbe trocknen, und malen Sie dann die drei inneren Linien mit dem feinen Schreibpinsel in Dunkellila auf. Malen Sie die Linien jeweils in vier Abschnitten auf, um den Teller nicht ständig drehen zu müssen. Lassen Sie den Teller trocknen und ziehen Sie dann die Abdeckflüssigkeit ab. Jetzt kann der Teller glasiert und gebrannt werden.

Beim kleineren Teller wiederholen Sie die Schritte 5 und 6. Das lilafarbene Band ist 1 cm breit und befindet sich ca. 3,5 cm unterhalb des Randes. Die Querlinien haben einen Abstand von 1 cm.

6

## Acrylmalerei

Nicht geeignet.

# Gedecke aus Schüsseln und Tellern

Die folgenden Illustrationen zeigen Variationsmöglichkeiten für Schüsseln und Teller, die Sie nacharbeiten oder als Ausgangspunkt für eigene Entwürfe verwenden können. Die Muster passen gut zu Einzelstücken, können aber auch für Sets eingesetzt werden.

## Afrika

Schüssel: Malen Sie die Schüssel rot an; tragen Sie dann grüne Punkte um den Rand herum auf. Mittelgroßer Teller: Tragen Sie mit Abdeckflüssigkeit eine Schildform auf; malen Sie den Teller gelb an. Ziehen Sie die Abdeckflüssigkeit ab und fügen Sie grüne Zickzacklinien, braune Streifen und rote Punkte hinzu. Großer Teller: Malen Sie in der Farbfolge Rot, Orange, Terrakotta, Gelb, Braun und Grün Punkte um den Rand herum auf.

## Quadrate

Schüssel: Bemalen Sie die Außenfläche der Schüssel. Malen Sie das Quadrat auf. Kleiner Teller: Kleben Sie für das Abdeckverfahren quadratische Etiketten auf. Großer Teller: Kleben Sie ein Gitter aus Kreppband auf.

## Blumendesign

Schüssel: Zeichnen Sie mit Graphitstift zwei Blumenmotive aus verschiedenen Blickwinkeln auf. Malen Sie die Blütenblätter gelb aus; setzen Sie mit Orange und Rot Akzente. Bemalen Sie die Mitte rot. Der Hintergrund wird grün ausgemalt. Umreißen Sie die Blütenblätter mit einem Unterglasurstift. Mittelgroßer Teller: Zeichnen Sie eine große Blume, dann weiter wie bei der Schüssel. Großer Teller: Zeichnen Sie einen Teil des Blumenmotivs um den Tellerrand herum und fahren Sie dann wie bei der Schüssel fort.

## Fisch

Schüssel: Malen Sie die türkisfarbene Schlangenlinie auf. Zeichnen Sie Fische und kratzen Sie die Linien mit einem Sgraffito-Werkzeug aus. Zwei rote Punkte bilden die Fischaugen. Großer Teller: Malen Sie zwei Schlangenlinien auf und fahren Sie wie bei der Schüssel fort. Fügen Sie Sgraffito-Wellenlinien hinzu. Malen Sie die Augen auf. Mittelgroßer Teller: Bemalen Sie den Teller türkis. Zeichnen Sie die Fische und kratzen Sie die Umrisse und die Wellenlinien mit dem Sgraffito-Werkzeug aus. Malen Sie die Augen auf.

# Afrika-Becher

**Das Design dieses Bechers erinnert** an die kraftvollen Farben Afrikas und an die Form des Schilds der Zulu-Krieger. Es basiert auf einem locker angeordneten Wiederholungsmuster, das ich mit einem Zahlencode auf den Becher übertragen habe, bevor ich mit dem Malen begann. Obwohl dieser Becher gerade Seiten hat, passt das Muster auch zu abgerundeten Seitenflächen.

Ich habe als Hintergrundfarbe ein kräftiges Rotorange gewählt und um jeden Schild herum einen weißen Umriss stehen lassen, um sicherzugehen, dass die Schilde ins Auge fallen. Für den letzten Schliff habe ich ein kräftiges Grün für die Zickzacklinien und Streifen gewählt. Die vier für die Schilde verwendeten Farben sind ebenfalls lebhaft, aber das Gelb wurde nur in einer Schicht und nicht in drei Schichten aufgetragen. Das Ergebnis (eine weniger stark gesättigte Farbe) sorgt für Abwechslung und belebt das Muster.

Wenn Sie ein ganzes Set bemalen wollen, lässt sich dieser Entwurf beispielsweise auf einen Milchkrug übertragen. Sie können auch nur zwei Farben auswählen und den Krug in einer Farbe anmalen und mit der zweiten Farbe den Rand bemalen.

*Die ungleichmäßigen weißen Umrisse um die Schilde des Bechers herum beleben den Gesamtentwurf. Der Boden des Bechers wurde ebenfalls bemalt, um das Muster fortzusetzen.*

## Materialien

Biskuitporzellan-Becher
Bleistift
evtl. Drehscheibe
dünner Karton für die Schablone
Teppichmesser oder Schere

## Pinsel

mittlerer abgerundeter Pinsel
2,5 cm breiter flacher Pinsel
feiner Schreibpinsel

## Unterglasurfarben

Braun
Gelbbraun
Dottergelb
Rotorange
Dunkelgrün
Dunkelrot

## Techniken

Malen
Muster übertragen

## Varianten

Siehe Seiten 42-43

1

1

**DAS MUSTER AUFZEICHNEN** Zeichnen Sie das Schildmotiv mit Bleistift auf den Becher (evtl. mit der Schablone, Seite 83). Platzieren Sie drei Schilde nah am Rand in regelmäßigen Abständen, drei weitere direkt darunter. Lassen Sie das Muster entweder oben oder unten »auslaufen«, so dass jedes Paar aus einem vollständigen Schild und einem Teilschild besteht. Zum Schluss zeichnen Sie zwischen jedem Paar mittig einen Schild auf und einen auf den Boden des Bechers. Beim Positionieren der Schilde müssen Sie nicht sehr präzise arbeiten, doch wenn Sie ein formelleres Ergebnis wünschen, können Sie die Abstände auch genau abmessen.

2

**DAS MUSTER** Teilen Sie allen vier Farben, die Sie für die Schilde ausgewählt haben, je eine Zahl zu und verteilen Sie diese auf dem Entwurf, bevor Sie mit dem Malen beginnen. Achten Sie darauf, dass benachbarte Schilde nicht in derselben Farbe ausgemalt werden. Füllen Sie jeden Schild mit dem mittleren abgerundeten Pinsel entsprechend der Farbvorgabe mit Farbe aus. Eine einzelne Farbschicht wirkt nach dem Brennen wässrig, so dass für eine dichte Wirkung drei Schichten aufgetragen werden sollten. Hier wurde Dottergelb in einer einzelnen Schicht aufgetragen, um dem Muster Abwechslung zu verleihen. Malen Sie einen Schild auf den Becherboden.

## 3 DER HINTERGRUND

Mit dem mittleren abgerundeten Pinsel füllen Sie den Hintergrund aus. Tragen Sie drei Schichten Unterglasur auf, die Sie grob um die Schilde herum malen, so dass um jeden ein weißer Umriss stehen bleibt. Bemalen Sie den Rand des Bechers mit zwei Schichten in derselben Farbe. Halten Sie den Pinsel dabei waagrecht und setzen Sie zum Auftragen der Farbe die Mitte, nicht die Spitze ein. Es macht nichts, wenn Farbe zufällig in den Becher tropft: Wischen Sie sie einfach mit einem feuchten Schwamm ab.

## 4 ZICKZACKLINIEN

Das Zickzackmuster wird spontan hinzugefügt. Malen Sie mit dem feinen Schreibpinsel schnell ein Zickzackmuster auf einige Schilde. Beginnen Sie oben und malen Sie fünf Zickzackstriche von oben nach unten. Falls Sie sich nicht zutrauen, gleich den Schild zu bemalen, üben Sie diese Bewegung vorher auf Papier. Wichtig dabei ist eine entspannte Haltung – Sie müssen nicht zu präzise arbeiten. Als zusätzlichen Reiz malen Sie noch einige Punkte und eine Zickzacklinie oder einen Streifen auf den Henkel. Zur Abwechslung dekorieren Sie einige Schilde gar nicht und bemalen andere in der Mitte mit einem Streifen. Lassen Sie die Farbe trocknen. Dann kann der Becher glasiert und gebrannt werden.

3

4

2

### Acrylmalerei

Achten Sie darauf, dass die Grundfarben trocken sind, bevor Sie Zickzacklinien, Streifen und Punkte aufmalen, da die Farben sonst ineinander verlaufen. Bemalen Sie nicht den Rand oder das Innere des Bechers.

Siehe auch Seite 13.

# Tee- und Kaffeebecher

Es macht Spaß, Becher zu dekorieren. Sie können dabei so wagemutig verfahren, wie Sie möchten, da Sie nicht wie bei einer Schüssel oder einem Teller andere Faktoren, etwa die Wirkung des Essens, in Betracht ziehen müssen. Vergessen Sie den Boden des Bechers nicht und auch das Innere kann bemalt werden.

1 Malen Sie mit Abdeckflüssigkeit ein Muster auf und tragen Sie dann eine hellblaue Lasur auf. Tauchen Sie einen trockenen Pinsel leicht in die Farbe ein, um einen dunkelblauen streifigen Effekt zu erzielen.

2 Tragen Sie eine graue Lasur als Hintergrund auf. Malen, stempeln oder schablonieren Sie sechszackige Sterne mit einem Kreis in der Mitte. Füllen Sie die Mitte der Sterne mit Farbe aus und fügen Sie Punkte hinzu.

3 Ziehen Sie dicke gelbe Streifen, gefolgt von Orange, so dass sich die Farben überlappen und Schattierungen entstehen. Verwenden Sie einen dünneren Pinsel, um rote Linien und Punkte hinzuzufügen.

4 Bekleben Sie den unteren Bereich mit Kreppband. Malen Sie einen Schild auf; füllen Sie dann den Hintergrund aus, so dass ein weißer Umriss bleibt. Kreppband entfernen. Bemalen Sie den unteren Bereich und den Henkel. Malen Sie Punkte und Zickzacklinien.

5 Pausen Sie das Motiv von Seite 82 ab oder zeichnen Sie es direkt nach. Malen Sie den Vogel, die blassen Blätter und die dunklen Blätter auf und bemalen Sie den Henkel. Fügen Sie die Linien mit Unterglasur-Pastellkreiden oder -Pastellstiften hinzu.

6 Malen Sie die Blumen mit Abdeckflüssigkeit auf. Füllen Sie den Hintergrund mit Türkis. Entfernen Sie die Abdeckflüssigkeit. Malen Sie die roten Zentren, die taupefarbenen Umrisse und den Henkel an. Setzen Sie Akzente mit blauer Pastellkreide.

7 Pausen Sie das Fischmotiv von Seite 86 ab. Malen Sie die Linien auf den Flossen mit einer blauen Lasur auf. Verwenden Sie für die übrigen Details einen feinen Pinsel.

8 Bemalen Sie den Becher pinkfarben. Bekleben Sie ihn mit Kreppbandstreifen; platzieren Sie Sternetiketten. Malen Sie die freien Bereiche taupefarben an. Entfernen Sie Kreppband und Etiketten. Fügen Sie die lilafarbenen Punkte hinzu und malen Sie den Rand an.

9 Färben Sie den Becher gelb. Anschließend ziehen Sie oben und unten dunkle Bänder. Malen Sie die Hunde auf. Die weißen Linien werden mit einem Sgraffito-Werkzeug ausgekratzt.

10 Malen Sie den Becher hellgelb an. Mit einem feinen Pinsel schreiben Sie eine Mischung aus kleinen und großen Buchstaben in Lila und Braun darauf. Sie können die Buchstaben auch mit Hilfe von Schablonen aufmalen.

11 Verwenden Sie Kreppband als Abdeckmittel für das Band im oberen Bereich des Bechers. Malen Sie den Hintergrund an, ziehen Sie das Band ab und bringen Sie dann die Linien und Punkte auf.

# Blumen-Teekanne

**Die Bemalung einer Teekanne** bedeutet eine größere Herausforderung, weil Deckel, Griff, Henkel und Schnaupe alle in das Design mit einbezogen werden müssen. An gewissen Stellen kann es schwierig werden, ein kompliziertes Muster aufzutragen. Meine Lösung bestand darin, die ganze Teekanne mit einer blassen Lasur anzumalen und dann mit Hilfe von Schablonen und Stempeln ein zufällig verteiltes Blumenmuster aufzutragen. So konnte ich schwierige Krümmungen und Rillen vermeiden, aber Henkel, Schnaupe und Deckel dennoch in das Muster einbeziehen, indem ich mit Hilfe einer Schablone einige Blüten aufgemalt habe. Statt des Stempels für Stiel und Blätter können Sie ebenfalls eine Schablone nehmen. Falls Sie eher eine gemalte Wirkung wünschen, tragen Sie alle Motive ohne Schablone auf.

Sie können einige Musterelemente auch auf ein aus Tassen und Untertassen bestehendes Set übertragen. Sie könnten die Blüten ohne Blätter und Stängel wiederholen und die Untertassen passend zur Kanne lasieren.

*Die Spontaneität und Frische dieses Blumenmusters sind teilweise das Resultat praktischer Überlegungen: Motive mit zufällig gewähltem Abstand lassen sich leichter auf unregelmäßige Formen übertragen als konventionelle Wiederholungsmuster.*

## Materialien

große Teekanne aus Biskuitporzellan
Blüten-, Stiel- und Blattmotive (Seite 82)
Bleistift
kleiner Schwamm
Leuchtstift
durchsichtige Acetatfolie für die Schablone
Schneidunterlage
verschiedene Messer, u.a. eins mit rotierender Klinge, oder eine kleine spitze Schere
Gummimatte, 1 cm dick, für den Stempel
Holzblock für den Stempel
Klebstoff für Holz und Gummi

## Pinsel

2,5-5 cm breiter flacher Pinsel
kleiner abgerundeter Pinsel
Schablonierpinsel

## Unterglasurfarben

Zitronengelb
Dottergelb
Rotorange
Dunkelblau
türkisfarbenes Stempelkissen
Kaolin zum Andicken der Unterglasur zum Schablonieren

## Techniken

Auftragen einer Lasur
Schablonieren und Stempeln

## Varianten

Siehe Seiten 49-51

1

1 **LASUR AUFTRAGEN** Verdünnen Sie einen halben Eierbecher zitronengelbe Unterglasur mit der doppelten Wassermenge, um eine Lasur herzustellen. Mit dem flachen Pinsel bemalen Sie die Teekanne einschließlich Rand und Henkel sowie die Außenseite des Deckels mit einer Schicht.

2 **DAS MUSTER ÜBERTRAGEN** Mit dem Bleistift machen Sie Kreuze an den Stellen, an denen Sie die Blüten aufmalen wollen. Bei diesem Muster befinden sich auf jeder Seite der Teekanne neun Blüten und jeweils eine auf dem Henkel, der Schnaupe und fünf auf dem Deckel. Achten Sie darauf, dass unter einigen Blüten genug Platz für die Stängel vorhanden ist. Anschließend tupfen Sie die lasierten Bereiche, wo später die Blüten aufgemalt werden, mit einem sauberen, feuchten Schwamm ab, so dass die Blüten von einem helleren Bereich umgeben sind.

2

## 3 DIE SCHABLONE HERSTELLEN

Mit einem Leuchtstift übertragen Sie die beiden Blütenschablonen von Seite 82 auf einen Bogen Acetatfolie. Lassen Sie um das Motiv herum einen großzügigen Rand Acetatfolie stehen, so dass die Kanne bei der Arbeit mit der Schablone vor Farbe geschützt wird. Legen Sie die Folie auf eine Schnittunterlage und verwenden Sie das Messer mit rotierender Klinge, um die Blütenschablonen auszuschneiden (mit Hilfe der rotierenden Klinge lassen sich gekrümmte Linien leichter ausschneiden). Drücken Sie die Acetatfolie fest auf die Schnittunterlage und passen Sie beim Schneiden gut auf. Sie können die Schablonen auch mit einer kleinen spitzen Schere ausschneiden, indem Sie in der Mitte beginnen und nur das Motiv ausschneiden, so dass der Bereich darum herum intakt bleibt.

## 4 DEN STEMPEL HERSTELLEN

Übertragen Sie das Stiel-und-Blatt-Motiv von Seite 82 auf die Gummimatte. Mit dem Teppichmesser mit fester Klinge schneiden Sie das Motiv sorgfältig aus. Sie werden feststellen, dass Sie das Gummi nicht auf einmal durchschneiden können. Schneiden Sie daher zuerst einmal um das Motiv herum, wobei der Schnitt nicht so tief ist, und dann ein zweites Mal, um das Motiv ganz auszuschneiden. Kleben Sie den Stempel mit Klebstoff auf einen Holzblock und lassen Sie ihn trocknen.

3

4

5

## 5 DIE SCHABLONENMOTIVE AUFTRAGEN

Um erfolgreich mit den Schablonen arbeiten zu können, muss die zitronen- und dottergelbe Unterglasur eine pastose (dickflüssige) Konsistenz aufweisen. Zu diesem Zweck dicken Sie jeweils einen Teelöffel Farbe mit einer kleinen Menge Kaolin an. Richten Sie sich nach den Bleistiftmarkierungen und tragen Sie die zitronengelben sternförmigen Blüten gefolgt von den dottergelben runden Blüten mit Hilfe der Schablonen auf. Dazu tauchen Sie den Schwamm in die Unterglasur ein und drücken überschüssige Farbe aus. Halten Sie die Schablone an der entsprechenden Stelle fest und tupfen Sie die Farbe vorsichtig mit dem Schwamm auf. Sie können statt des Schwamms auch einen Schablonierpinsel verwenden. Es ist ratsam, die Technik zuerst auf einer Scherbe Biskuitporzellan zu üben.

Als Nächstes drücken Sie den Gummistempel auf das türkisfarbene Stempelkissen und stempeln Stiele und Blätter unter einige der sternförmigen Blüten. Auch hier empfiehlt es sich, dies ebenfalls vorher auf einer Scherbe Biskuitporzellan auszuprobieren. Da die Teekanne eine gekrümmte Oberfläche hat, rollen Sie den Stempel am besten vorsichtig von oben nach unten ab, um für eine gleichmäßige Abdeckung zu sorgen. Lassen Sie die Farbe trocknen.

**6 DETAILS HINZUFÜGEN** Malen Sie den Griff mit etwa drei Schichten Zitronengelb an. Mit dem kleinen abgerundeten Pinsel versehen Sie die zitronengelben Blüten mit rotorangefarbenen und die dottergelben Blüten mit dunkelblauen Punkten. Die Farbe trocknen lassen. Jetzt kann die Teekanne glasiert und gebrannt werden.

6

### Acrylmalerei

Wenn die Farbe zu dünn ist, lassen Sie eine kleine Menge 10–20 Minuten stehen, damit sie andickt.

Siehe auch Seite 13.

### Variante

Statt Motive aufzustempeln, können Sie mit einer Schablone oder von Hand aufgetragen werden. Bei Verwendung einer Schablone dicken Sie die Unterglasur mit Kaolin an (siehe Schritt fünf).

# Teekannen

Direktes Malen und Auftragen von Abdeckmustern sind für die schwierige Form von Teekannen besonders gut geeignet. Die folgenden Variationsmöglichkeiten vermitteln einige Ideen und ermutigen Sie hoffentlich zu Experimenten.

## Chinesisch

Übertragen Sie die chinesischen Kalligraphiemotive von Seite 92 auf Kanne und Deckel. Malen Sie sie mit Abdeckflüssigkeit aus. Bemalen Sie den Deckelgriff und den Rand der Schnaupe mit Abdeckflüssigkeit; ziehen Sie eine Linie mit Abdeckflüssigkeit über den Henkel. Bemalen Sie die Teekanne mit einer blauen Lasur; spritzen Sie dunkelblaue Punkte auf.

## Punktemuster

Kleben Sie große Etiketten auf die Teekanne und kleinere auf Henkel und Deckel. Bemalen Sie die ganze Teekanne mit einer taupefarbenen Lasur. Ziehen Sie einen Borstenpinsel, der in die unverdünnte Farbe getaucht wurde, über die Teekanne, so dass sich Streifen bilden. Bemalen Sie Henkel, Deckelgriff und Ränder mit unverdünnter Farbe.

## Afrika

Zeichnen Sie die Schilde auf. Malen Sie den Hintergrund und die Schilde aus, so dass weiße Umrisse stehen bleiben. Fügen Sie die Linien und Punkte hinzu; bemalen Sie den Henkel und den oberen Rand.

# Runde Vasen

Vasen, die Dekorationszwecken dienen, können üppiger bemalt werden als Vasen, in die Blumen gestellt werden. Bemalen Sie letztere mit etwas gedämpfteren Farben, so dass sie nicht von den Blumen ablenken.

## Grüne Blätter

Schneiden Sie einen Schwamm zu einer Blattform. Tauchen Sie den Schwamm in grüne Farbe ein und stempeln Sie das Muster in zufälligen Abständen auf die Vase. Malen Sie die Umrisse und Stängel in Olivgrün auf.

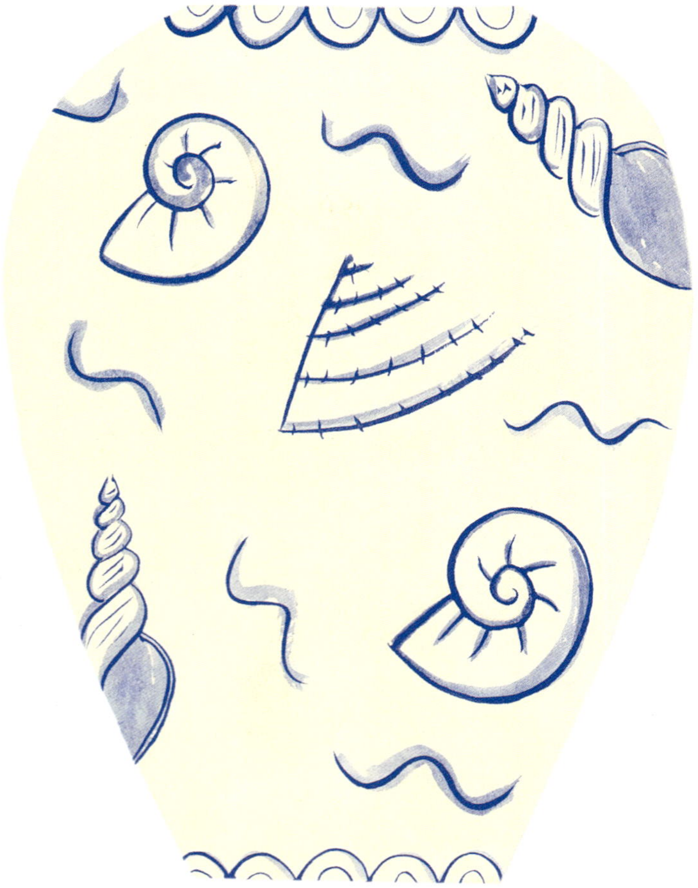

## Muscheln

Übertragen Sie Muscheln (Seite 87) auf die Vase. Füllen Sie die Motive mit einer blauen Lasur aus. Malen Sie die dunkelblauen Bereiche auf.

## Ovale auf breitem Streifen

Kleben Sie Kreppband auf die Vase, um zwei gerade Linien zu erhalten. Tragen Sie drei Schichten in Taupe auf. Mit einem Sgraffito-Werkzeug kratzen Sie weiße Ovale aus. Die braunen Ovale werden mit einem Unterglasurstift aufgemalt.

### Orangen und Zitronen

Kleben Sie Kreppband für eine gerade Linie auf die Vase auf. Umreißen Sie die Zitronen mit Abdeckflüssigkeit. Malen Sie die Vase in Orange an. Malen sie die Orangen auf oder verwenden Sie dafür Unterglasur-Pastellkreide.

### Sternpunkte

Bekleben Sie den Krug mit Sternetiketten und malen Sie ihn orange an. Kleben Sie runde Etiketten über die Sterne und malen Sie den Krug grün an. Fügen Sie die Punkte hinzu.

## Runde Krüge

Wenn Sie Muster für Krüge entwerfen, sollten Schnaupe und Henkel in das Design einbezogen werden. Das Muster auf dem Hauptteil kann auf den Henkel ausgedehnt werden, wie dies beim Fischmotiv der Fall ist, oder anders behandelt werden, wie es das Apfeldesign zeigt. Sie können das Muster auch der Verwendung des Krugs anpassen, indem Sie etwa eine Kuh auf einen Milchkrug oder Pfefferminzblätter auf eine Saucière malen.

### Äpfel

Tragen Sie die Umrisse der Äpfel und Blätter und die Stiele und Blattadern mit Abdeckflüssigkeit auf. Malen Sie die Äpfel und Blätter und fahren Sie dabei über die Umrisse aus Abdeckflüssigkeit. Verzieren Sie dann den Henkel.

### Fische

Ziehen Sie breite gelbe und pinkfarbene Streifen vertikal auf den Krug. Übertragen Sie die Fischmotive von Seite 86 oder zeichnen Sie die Fische direkt auf die gelben Streifen. Malen Sie die Fische und die Punkte in dunklem Pink auf.

# Fisch-Teller

Bei diesem Teller bietet es sich an, den Rand zu dekorieren. Statt dessen habe ich mich für einen ungewöhnlicheren Effekt entschieden und ein Schmuckband quer über die Mitte des Tellers laufen lassen. Dazu habe ich ein einfaches Muster gewählt, das nicht mit dem Essen konkurriert oder von ihm ablenkt. Wenn der Teller nur als Zierde eingesetzt wird, könnten Sie ein komplizierteres Muster in Betracht ziehen (siehe Seiten 56–57).

Ich habe ein Dekorationsband mit geraden Kanten entworfen, indem ich das Muster über die Kanten des Kreppbands hinaus gezogen habe. So weisen die Fische am Kopf und an der Schwanzflosse gerade Kanten auf, wenn das Band entfernt wird.

Experimentieren Sie mit anderen Entwürfen, indem Sie beispielsweise ein Muster rund um ein Obst- oder Gemüsethema aufbauen und Motive wie Orangen, Zitronen, Tomaten oder Erbsen in der Hülse verwenden.

*Wenn Sie nicht die Komplementärfarben Orange und Blau verwenden wollen, wählen Sie die anderen Kombinationen – Grün und Rot oder Gelb und Lila.*

## Materialien

Essteller aus Biskuitporzellan mit einem Durchmesser von etwa 28 cm
Bleistift
Acetat-Lineal
Kreppband, 2,5 cm breit
Leuchtstift
Fischmotiv von Seite 83
durchsichtige Acetatfolie für die Schablone
Schneidunterlage
Messer mit rotierender Klinge oder eine kleine spitze Schere
kleiner Schwamm

## Pinsel

evtl. Schablonierpinsel
Unterglasurfarben
Dottergelb
Türkis
mittelblauer Unterglasurstift
Kaolin zum Andicken der Unterglasur zum Schablonieren

## Techniken

Schablonieren
Verwendung von Unterglasurstiften

## Varianten

Siehe Seiten 56-57

1

**DIE SCHABLONE AUSSCHNEIDEN** Bevor Sie die Schablone ausschneiden, muss ein 5 cm breiter Kreppstreifen auf dem Teller markiert werden: Zeichnen Sie eine Linie quer durch den Mittelpunkt des Tellers und markieren dann den Rand in jeweils 2,5 cm Abstand zu dieser Mittellinie. Verwenden Sie diese Punkte als Richtlinie für die Positionierung der Kreppbandstreifen.

Mit dem Leuchtstift übertragen Sie das Fischmotiv (Seite 83) auf einen Bogen Acetat-Folie. Lassen Sie um das Motiv einen großzügigen Rand Acetatfolie stehen, so dass das der Teller bei der Arbeit mit der Schablone vor Farbe geschützt ist. Legen Sie die Folie auf eine Schnittunterlage; verwenden Sie das Messer mit rotierender Klinge, um das Fischmotiv auszuschneiden (mit dieser Klinge lassen sich gekrümmte Linien leichter ausschneiden). Drücken Sie die Acetatfolie fest auf die Schnittunterlage. Passen Sie beim Schneiden gut auf! Sie können die Schablonen auch mit einer kleinen Schere ausschneiden, indem Sie in der Mitte beginnen und nur das Motiv ausschneiden, so dass der umgebende Bereich intakt bleibt.

1

2

3

## DIE FARBE AUFTRAGEN

Bevor Sie schablonieren, sollten Sie die Positionen der Motive markieren. Platzieren Sie einen Fisch in der Mitte des Bandes, dann je einen an beiden Enden. Füllen Sie den Zwischenraum in gleichmäßigen Abständen mit sechs Fischen aus. Achten Sie darauf, dass die Köpfe und Schwanzflossen jeweils ein wenig auf dem Kreppband liegen, so dass sie gerade abgeschnitten werden, wenn Sie das Kreppband entfernen. Gehen Sie beim Abmessen des Abstands nach Augenmaß vor, und wenn Ihr Teller eine andere Größe als der hier abgebildete aufweist, passen Sie die Anzahl der Fische und den Abstand entsprechend an.

Zum Schablonieren muss die Unterglasur eine pastose Konsistenz haben. Dazu dicken Sie beide Farben mit etwas Kaolin an. Schablonieren Sie die Fische abwechselnd in Dottergelb und Türkis. Dazu tauchen Sie den Schwamm in die Unterglasur ein und drücken überschüssige Farbe aus. Halten Sie die Schablone an der entsprechenden Stelle fest und tupfen Sie die Farbe vorsichtig mit dem Schwamm auf. Es ist ratsam, die Technik zuerst auf einer Scherbe Biskuitporzellan zu üben.

## DEKORATIONEN HINZUFÜGEN

Malen Sie die dekorativen Linien zwischen den Fischen mit dem mittelblauen Unterglasurstift auf. Zeichnen Sie diese Linien in einer ununterbrochenen Bewegung, indem Sie auf dem Kreppband beginnen und enden, so dass keine Tropfen auf den Teller gelangen. Mit diesem Stift werden auch Flossendetails und Augen aufgemalt. Lassen Sie die Farbe trocknen und entfernen Sie das Kreppband. Nun kann der Teller glasiert und gebrannt werden.

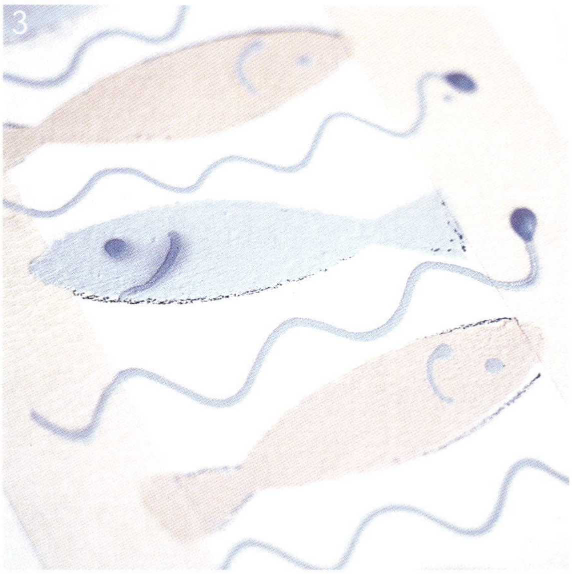

3

### Acrylmalerei

Malen Sie Wellenlinien und Details mit einem feinen Pinsel auf.

Siehe auch Seite 13.

# Teller & Platten

Teller und Servierplatten lassen sich wegen ihrer flachen Oberfläche leicht dekorieren. Sie können den Rand nutzen, indem Sie ihn mit einem abschließenden Muster in den Entwurf einbeziehen.

## Zahlen

Schneiden Sie verschieden große Zahlen aus Papier aus. Feuchten Sie sie an und drücken Sie sie auf den Rand. Tragen Sie ein dünnes Band Abdeckflüssigkeit auf den Innenrand auf, und malen Sie den Rand blau an.

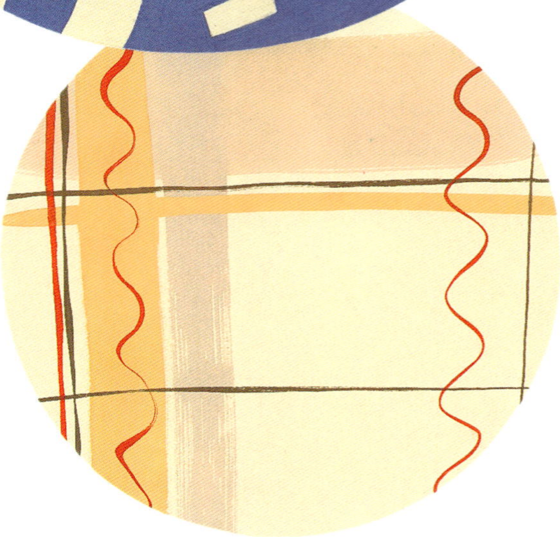

## Abstrakt

Mit Pinseln in unterschiedlichen Stärken malen Sie dicke und dünne Linien sowie Wellenlinien auf die gesamte Tellerfläche.

## Wirbel

Malen Sie das gelbe Außenband und den terrakottafarbenen Kreis, gefolgt von dem orangefarbenen Band, auf. Mit einem feinen Schreibpinsel zeichnen Sie den Blütenumriss und die roten Striche auf.

## Blumenmuster

Kleben Sie zwei Streifen Kreppband quer über den Teller, so dass in der Mitte ein Streifen entsteht, der dekoriert werden kann. Schablonieren oder stempeln Sie, oder malen Sie die Blumen, Blätter und Stängel von Hand auf. Setzen Sie mit einem feinen spitzen Pinsel oder einem Unterglasurstift hübsche Akzente.

## Afrika

Tragen Sie die Umrisse der Schilde mit Abdeckflüssigkeit auf und bemalen Sie den Rand grün. Entfernen Sie die Abdeckflüssigkeit und füllen Sie die Schilde aus, so dass ein heller Umriss stehen bleibt. Malen Sie die Linien und Zickzacklinien auf.

## Blatt

Bemalen Sie den Plattenrand. Schablonieren Sie den Zweig und kratzen Sie Blattadern und Striche auf dem Rand mit einem Sgraffito-Werkzeug aus.

## Gesicht

Punkte mit Abdeckflüssigkeit auftragen; Rand bemalen. Abdeckflüssigkeit abziehen und die Punkte mit Farbe ausfüllen, so dass je ein heller Umriss stehen bleibt. Malen Sie das Gesicht auf.

## Schuh

Malen Sie am Rand entlang einen gelben Streifen. Darauf folgen in regelmäßigen Abständen orangefarbene Streifen und dünne lilafarbene Linien und Punkte. Der Schuh wird im Monodruckverfahren aufgetragen.

## Fisch

Tragen Sie die Fischform mit Abdeckflüssigkeit auf. Lasieren Sie das Meer und ziehen Sie die Abdeckflüssigkeit ab. Jetzt malen Sie den Fisch, indem Sie mit den hellen Farben beginnen.

# Tasse & Untertasse

Mit matten und glänzenden Oberflächen – die matten Stellen bleiben unglasiert – lassen sich einige interessante Effekte erzielen. Eine Tasse und Untertasse sind ideal dazu geeignet, da beide Stücke leicht unterschiedlich behandelt werden können. Da sich unglasierte Oberflächen etwas rau anfühlen, sollte der obere Teil der Tasse glasiert werden, ebenso die Untertasse, da verschütteter Kaffee oder Tee auf einer matten Oberfläche Flecken hinterlassen kann.

Für diese Tasse und Untertasse habe ich ein abstraktes Design entworfen, für das ich mir Bonbons zum Vorbild genommen habe. Mit Etiketten habe ich rechteckige Formen abgedeckt und Farben gewählt, die gut zu diesem Entwurf passen. Natürlich können Sie für die beiden Teile auch figürliche Muster wählen und sie thematisch miteinander verbinden. So könnten Sie eine Zitrone auf die Tasse und eine Zitronenscheibe auf die Untertasse malen oder eine grüne Untertasse zu einer mit einer leuchtend roten Tomate dekorierten Tasse anfertigen.

*Der Erfolg dieses Entwurfs ist zum Teil auf die Kombination von matten und glänzenden Oberflächen mit einer raffinierten Farbpalette zurückzuführen. Wiederholen Sie das Muster, aber variieren Sie die Farbbeziehungen, so dass ein Set entsteht, das ähnlich, aber nicht identisch ist.*

## Materialien

Biskuitporzellan:
Tasse mit einem Durchmesser von etwa 12 cm
Untertasse mit einem Durchmesser von etwa 20 cm
Acetat-Lineal
Bleistift
Kreppband, 2,5 cm breit
rechteckige Etiketten, etwa 2,5 x 2 cm
evtl. Skalpell
scharfes Messer
kleiner Schwamm

## Pinsel

flacher, 2,5 cm breiter Pinsel
kleiner abgerundeter Pinsel

## Unterglasurfarben

Dunkelrosa
evtl. Unterglasurstift
Lavendel
Blassgelb
Taupe
klare Glasur
Kaolin zum Andicken der Unterglasur, falls nötig

## Techniken

Abdeckmuster mit Etiketten
Verwendung von matter Unterglasur

## Varianten

Siehe Seiten 62-63

1

2

1 **ETIKETTEN AUFKLEBEN** Mit einem Bleistift oder einem Kreppbandstreifen markieren Sie eine Linie 8 mm vom Rand entfernt um die Tasse herum. Kleben Sie Etiketten in gleichmäßigen Abständen auf, indem Sie die oberen Etikettenränder knapp unter dem Kreppband oder der Bleistiftlinie auf gleicher Höhe aufkleben. Die Etiketten dürfen das Kreppband nicht überlappen. Am besten beginnt man gegenüber dem Henkel und arbeitet sich dann rückwärts in seine Richtung vor. Bei dieser Tasse habe ich 16 Etiketten im Abstand von je 5 mm aufgeklebt. Wenn Ihre Tasse eine andere Form oder Größe hat, müssen Anzahl und Abstand der Etiketten entsprechend angepasst werden. Falls Sie Kreppband verwendet haben, entfernen Sie es nun wieder.

2

**HINTERGRUNDFARBE AUFTRAGEN** Achten Sie darauf, dass die Etiketten gut festkleben, speziell an den Rändern. Testen Sie die Dicke der Unterglasur auf dem Boden der Tasse. Wenn sie sehr dünn ist, könnte sie unter die Etiketten laufen. In diesem Fall sollte sie mit etwas Kaolin angedickt werden. Wenn Sie die Tasse signieren wollen, kleben Sie an der gewünschten Stelle ein Etikett auf den Boden, bevor Sie mit dem Malen beginnen.

Sobald die Unterglasur Ihrer Meinung nach dick genug ist, tragen Sie mit dem flachen Pinsel zwei bis drei Schichten Dunkelrosa auf (einschließlich Boden). Tragen Sie die Unterglasur bis zum oberen Rand auf, aber sparen Sie den Henkel aus. Lassen Sie die Farbe trocknen. Entfernen Sie die Etiketten, indem Sie mit der Messerspitze darunter fahren und die Etiketten dann abheben. Wenn Unterglasur unter die Etiketten gelaufen ist, kratzen Sie sie einfach mit einem Skalpell ab.

Falls Sie die Tasse signieren wollen, ziehen Sie das Etikett vom Boden ab und signieren den unbemalten Bereich mit einem Unterglasurstift. Versehen Sie die Untertasse mit zwei bis drei Schichten Dunkelrosa und lassen Sie sie trocknen.

3

**DETAILS HINZUFÜGEN** Mit einem kleinen abgerundeten Pinsel füllen Sie die ausgesparten Rechtecke mit drei Schichten Unterglasur aus, um eine dichte Farbe zu erzielen. Ich habe Lavendel, Hellgelb und Taupe in beliebiger Reihenfolge verwendet und einige Rechtecke unbemalt gelassen. Einige wurden mit Punkten in derselben Farbanordnung verziert. Bemalen Sie den Henkel mit drei Schichten taupefarbener Unterglasur. Wenn Unterglasur in die Tasse hinein getropft ist, wischen Sie sie mit einem feuchten Schwamm ab. Lassen Sie die Tasse trocknen.

3

## Acrylfarbe

Eine ähnliche Wirkung lässt sich mit Acrylfarbe erzielen, wenn die untere Hälfte der Tasse mit einem blasseren Rosa bemalt wird.

4

4

**KLARE GLASUR AUFTRAGEN** Um einen Matteffekt auf der unteren Tassenhälfte zu erzielen, muss dieser Bereich vor Glasur geschützt werden. Achten Sie darauf, dass die Tasse völlig trocken ist, und wickeln Sie einen Streifen Kreppband knapp 8 mm unterhalb der farbigen Rechtecke um die Tasse herum. Glasieren Sie den oberen Bereich der Tasse und den Henkel mit dem flachen Pinsel. Es muss Sie nicht beunruhigen, dass die Glasur einen opaken weißen Ton hat; sie wird beim Brennen transparent. Glasieren Sie die Untertasse und den Boden der Tasse. Entfernen Sie das Kreppband. Tasse und Untertasse können jetzt gebrannt werden.

# Tassen & Untertassen

Tasse und Untertasse sollten durch Farbe, Motiv oder Thema aufeinander abgestimmt sein. Wenn die Tassen groß sind, können Sie auch das Tasseninnere dekorieren. Vergessen Sie die Henkel nicht.

## Tulpen

Malen Sie die Tasse pink an. Schablonieren Sie die Tulpen auf die Tasse und die unbemalte Untertasse. Fügen Sie die Stängel und Punkte hinzu.

## Punktemuster

Kleben Sie kleine runde Etiketten in Reihen auf die Tasse auf, und malen Sie die Tasse gelb und den Henkel braun an. Für die Untertasse verwenden Sie größere Etiketten, die Sie in gleichmäßigem Abstand um den Rand herum aufkleben.

## Streifenmuster

Messen Sie vom oberen Tassenrand aus ein Drittel ab. Kleben Sie in dieser Höhe Kreppband um die Tasse auf, um eine gerade Linie zu erhalten. Bemalen Sie Tasse und Untertasse. Ziehen Sie das Kreppband ab. Kratzen Sie die Linien mit einem Sgraffito-Werkzeug aus.

## Abstrakt

Lasieren Sie Tasse und Untertasse blau. Zeichnen Sie Ihren Entwurf auf und bemalen Sie ihn demselben Blauton, ohne die Farbe zu verdünnen.

## Blatt

Schneiden Sie einen Schwamm zu einer Blattform, wobei Sie die Blattadern ausschneiden. Bestempeln Sie Tasse und Untertasse. Malen Sie einen grünen Rand um die Untertasse herum. Die Tasse dekorieren Sie mit einem roten Streifen auf dem Henkel und einem grünen Streifen auf dem Rand.

## Huhn

Malen Sie die Mitte der Untertasse und die Tasse orange an. Pausen Sie das Huhn von Seite 89 auf die Tasse ab. Verwenden Sie einen lilafarbenen Unterglasurstift oder Unterglasurfarbe für das Huhn, den Henkel, den Rand und die Wellenlinie. Verzieren Sie den Innenrand der Tasse mit einem bogenförmigen Rand.

## Blumenmuster

Schablonieren, stempeln oder malen Sie Blumen und Blätter auf. Ergänzen Sie sie mit kleinen Details. Bemalen Sie den Henkel hellgrün und fügen Sie einen dunkelgrünen Streifen hinzu. Bemalen Sie die Ränder mit demselben Dunkelgrün.

## Afrika

Malen Sie Schilde um den oberen Rand der Tasse herum. Bemalen Sie das Tasseninnere rot. Die Untertasse und der Henkel erhalten denselben Rotton. Fügen Sie grüne Linien, Zickzacklinien und Punkte und beim Henkel einen Streifen hinzu.

# Salatschüssel

Beim Dekorieren einer Schüssel stellt sich zuerst die Frage, ob man sich auf das Schüsselinnere oder die Außenseite konzentrieren möchte. Natürlich kann man beide Bereiche bemalen, aber das könnte auch zuviel sein. Die Beschränkung des Musters auf eine Seite wirkt besser. Da diese Schüssel recht tief ist, entschied ich mich für die Außenseite. Allerdings habe ich das Design innen mit einem einzelnen Pfefferminzblatt im Monodruckverfahren widerhallen lassen.

Wenn Ihre Schüssel flach ist, mag es sinnvoller sein, die Innenseite zu bemalen, da sie eher ins Auge fällt. Entwürfe für Teller lassen sich leicht an flache Schüsseln anpassen, so dass Sie sich auch von den Motiven auf den Seiten 35–37 und 56–57 inspirieren lassen können.

Da es sich hier um eine Salatschüssel handelt, beschloss ich, ihre Funktion durch die Dekoration mit Pfefferminz-, Salbei-, Basilikum- und Lorbeerblättern zu ergänzen. Ich habe jeweils ein Motiv auf jeden zweiten Abschnitt gedruckt und dann zwei helle Grüntöne für die verbleibenden Abschnitte ausgewählt.

Sie können mit dieser Grundidee weiter experimentieren.

*Dieses Design entstand durch die Einbeziehung der Schüsselform und ihrer Funktion. Da die Schüssel ziemlich tief ist, war es sinnvoll, das Design auf die Außenseite zu konzentrieren.*

## Materialien

eine tiefe Schüssel aus Biskuitporzellan, Durchmesser ca. 23 cm und 9 cm hoch
ein großer Joghurtbecher oder Ähnliches
Filzstift
Acetat-Lineal
Kreppband, 2,5 cm breit
evtl. Skalpell
Blattmotive von Seite 83
Küchenpapier
kleiner Schwamm

## Pinsel

flacher, 2,5 cm breiter Pinsel
Pinsel mit feiner Spitze

## Unterglasurfarben

Minzgrün
Salbeigrün
Olivgrün
evtl. Unterglasurstift

## Techniken

Monodruck (siehe auch Seite 25)

## Varianten

Siehe Seiten 68-69

1

1 **DEN ENTWURF ÜBERTRAGEN** Stellen Sie die Schüssel umgekehrt vor sich hin und markieren Sie die Mitte der Unterseite mit einem Bleistift. Sie können nach Augenmaß verfahren oder nach der Anleitung auf Seite 22. Markieren Sie acht gleich große Abschnitte, so als würden Sie einen Kuchen in Stücke schneiden. Richten Sie einen langen Streifen Kreppband mit dem linken Rand an einer der Bleistiftlinien auf dem Boden aus und kleben Sie ihn von der Mitte des Bodens aus bis unter den Rand. Richten Sie den rechten Rand eines zweiten Streifens Kreppband an der nächsten Bleistiftlinie rechts neben dem ersten Streifen aus und kleben Sie ihn fest. Wiederholen Sie dieses Verfahren, indem Sie Kreppbandstreifen in jedem zweiten Dreieck aufkleben. Sie haben jetzt acht Abschnitte um die Außenseite der Schüssel herum: vier breite, die bemalt werden und die sich mit vier schmaleren, die unbemalt bleiben, abwechseln.

**2 FARBE AUFTRAGEN** Stellen Sie die Schüssel verkehrt herum auf einen großen Joghurtbecher oder einen ähnlichen Gegenstand, so dass der Schüsselrand die Arbeitsfläche nicht berührt. So lässt sich die Schüssel leichter bemalen. Identifizieren Sie die vier breiten Abschnitte, die bemalt werden sollen (sie wechseln sich mit den vier schmalen ab). Mit dem flachen Pinsel tragen Sie drei Schichten minzgrüne Unterglasur auf zwei sich gegenüber liegende breite Bereiche auf. Reinigen Sie den Pinsel und tragen Sie drei Schichten Salbeigrün auf die beiden anderen breiten Bereiche auf. Lassen Sie die Farbe trocknen, bevor Sie das Kreppband vorsichtig abziehen. Wenn Farbe unter das Kreppband gelangt ist, kratzen Sie sie mit dem Skalpell ab.

### Acrylmalerei

Achten Sie darauf, dass der Schwamm in Schritt drei nicht zu nass gemacht wird.

Siehe auch Seite 13.

**3 BLÄTTER IM MONODRUCKVERFAHREN AUFTRAGEN** Mit dem Filzstift pausen Sie die vier Blattmotive auf Küchenpapier ab. Auf der Rückseite des Papiertuchs umreißen Sie mit dem feinen Pinsel die Motive, den Filzstiftlinien folgend, indem Sie eine dicke Schicht olivgrüner Unterglasur verwenden.

Bringen Sie das erste Blatt im Zentrum eines unbemalten Abschnitts mit der bemalten Seite nach unten in Position. (Wenn Sie die Schüssel verkehrt herum vor sich haben, achten Sie darauf, dass Sie das Motiv ebenfalls verkehrt herum übertragen.) Feuchten Sie einen kleinen Schwamm mit Wasser an und betupfen Sie damit das Papiertuch, bis Sie die Farbe durchdrucken sehen. Tupfen Sie weiter, bis Sie die gewünschte Wirkung erzielt haben, und entfernen Sie das Papiertuch. Wiederholen Sie diesen Arbeitsschritt und drucken Sie die drei anderen Blätter auf die übrigen leeren Abschnitte.

In dieser Phase könnten Sie das Schüsselinnere mit einem kleinen Blatt im Monodruckverfahren dekorieren oder den Boden mit Hilfe eines Unterglasurstifts signieren. Die Schüssel kann jetzt glasiert und gebrannt werden.

# Tiefe Schüsseln

Tiefe Schüsseln sind gut für Dekorationen auf der Innenseite wie auch auf der Außenseite geeignet, egal, ob sie als Essgeschirr verwendet werden oder Schmuckzwecken dienen. Der Entwurf auf der Außenseite einer hohen Schüssel kann mit einem kleinen Motiv im Schüsselinnern widergespiegelt werden. Man könnte die Innenseite auch einfach mit einer Kontrastfarbe bemalen. Flache Schüsseln können ähnlich wie Teller behandelt werden, da sie eine große, ununterbrochene Oberfläche für Muster bieten.

1 Malen oder schablonieren Sie das Obst und die Blätter auf die Oberfläche. Färben Sie den Hintergrund, wobei Sie um das Obst und die Blätter herum Bereiche frei lassen. Verwenden Sie einen feinen Pinsel oder Stift für die Umrisse.

2 Zum Aufmalen der Blätter verwenden Sie Abdeckflüssigkeit oder Wachsemulsion. Anschließend malen Sie zwei Farbbänder auf. Fahren Sie mit einem Unterglasurstift über die Farbbänder. Entfernen Sie die Abdeckflüssigkeit.

3 Malen oder schablonieren Sie zuerst die Schilde. Füllen Sie den Hintergrund aus und fügen Sie die Zickzacklinien, die senkrechten Linien und den braunen Rand hinzu.

4 Malen Sie die Äpfel rot aus, nehmen Sie dann Orange und fügen Sie zum Schluss die weißen Glanzpunkte hinzu. Malen Sie die Blätter auf. Zeichnen Sie lockere Umrisslinien mit einem Unterglasurstift nach.

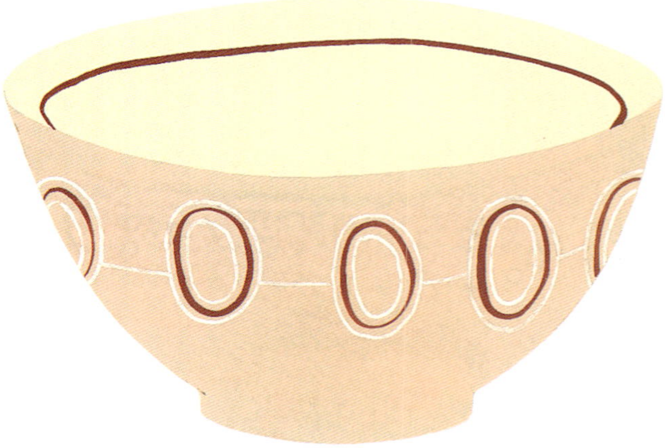

5 Bemalen Sie die Außenseite der Schüssel. Kratzen Sie die weißen Ovale und die verbindenden Linien mit einem Sgraffito-Werkzeug aus. Fügen Sie die braunen Ovale und die Linie im Schüsselinnern mit einem Unterglasurstift hinzu.

6 Zeichnen Sie die Blumen und Blätter auf. Füllen Sie den Hintergrund mit kühnen Pinselstrichen aus. Fügen Sie Details mit einem Unterglasurstift hinzu.

7 Malen Sie schmaler werdende blassblaue Streifen von oben nach unten auf der Schüsselaußenseite auf. Fügen Sie die Schnörkel und dünnen senkrechten Linien zwischen den Streifen in Dunkelblau hinzu.

8 Malen Sie kühne Streifen in abgestuften Farben um die Schüssel herum auf, wobei Sie oben mit Ocker beginnen und unten mit Karmesinrot aufhören.

9 Bemalen Sie die Schüssel mit einer dünnen Schicht Lila. Lassen Sie die Farbe trocknen und kratzen Sie dann mit einem Sgraffito-Werkzeug ein Fischgrätmuster knapp unterhalb des Schüsselrands aus.

10 Malen Sie die Schilde, dann den Hintergrund auf. Lassen Sie die Bereiche um die Schilde herum unbemalt. Fügen Sie die Zickzacklinien, Streifen und Punkte hinzu.

11 Malen Sie die Erbsen auf, indem Sie mit Hellgrün beginnen und dann die dunkelgrüne Farbe verwenden. Malen Sie das Schüsselinnere Gelb aus und fügen Sie grüne Streifen mit einem Schwamm oder Pinsel hinzu.

# Krug mit Vogelmotiv

Beim Entwerfen eines Musters für einen Krug muss bedacht werden, wie die Schnaupe behandelt werden soll. Wenn sie groß genug ist, kann das Muster über sie hinweg fortgesetzt werden. Ich habe mich für das einfache, aber auffällige Design eines Vogels in einem Quadrat entschieden, weil es die sauberen, unkomplizierten Linien des Krugs ergänzt. Die Sgraffito-Linien heben sich besser ab, wenn sie in einen dunklen Hintergrund gekratzt werden, um den blassen Tonkörper darunter freizulegen. Ich habe Kobaltblau verwendet, aber die Farbwahl bleibt Ihnen freigestellt. Um den ganzen Krug in das Design mit einzubeziehen, habe ich den Henkel mit einem Streifen Kobaltblau bemalt und einen türkisfarbenen Rand hinzugefügt.

Die individuellen Elemente des Motivs können eingesetzt werden, um komplexere Muster zu kreieren. Nehmen Sie beispielsweise ein einzelnes Blatt aus dem Motiv, setzen Sie es in ein Quadrat und verwenden Sie es dann im Wechsel mit einem einzelnen Vogel als Wiederholungsmuster. Dies ist nur eine von vielen Möglichkeiten; es gibt unzählige andere.

*Das frische und einfache Design des Krugs wird durch den graphischen Stil des Vogelmotivs betont. Die Form des Vogelschnabels ahmt die Schnaupe des Krugs auf witzige Weise nach.*

## Materialien

Krug aus Biskuitporzellan
evtl. Drehscheibe
Vogelmotiv von Seite 82 (es ist wichtig, dass es vor dem Bemalen fertig ist)
Sgraffito-Werkzeug
evtl. Skalpell

## Pinsel

flacher, 5 cm breiter Pinsel
flacher, 1,5 cm breiter Pinsel

## Unterglasurfarben

Kobaltblau
Türkis

## Techniken

Abpausen und Übertragen von Motiven
Sgraffito

## Varianten

Siehe Seiten 74-75

1

1 **FARBE AUFTRAGEN** Zeichnen Sie mit einem Bleistift ein 5 cm großes Quadrat für den zu bemalenden Bereich auf den Krug auf. Versuchen Sie, es etwa auf Zweidrittelhöhe und mittig zwischen Schnaupe und Henkel zu platzieren. Ich habe das Quadrat ohne Hilfsmittel gezeichnet; die Bleistiftmarkierungen verschwinden beim Brennen der Keramik. Es macht also nichts, wenn Sie einen Fehler machen und noch einmal darüber malen müssen. Sie können das Quadrat jedoch auch mit Hilfe eines Lineals oder einer Schablone auf dem Krug anbringen. Tauchen Sie den 5 cm breiten flachen Pinsel in die kobaltblaue Unterglasur ein und füllen Sie das Quadrat aus, indem Sie einen einzelnen Pinselstrich von links nach rechts ziehen. Versuchen Sie, eine dicke Schicht aufzutragen, und heben Sie den Pinsel am Ende des Quadrats ab, so dass die Pinselborsten abgebildet werden. Wenn die Unterglasur leicht spritzt, kann sie abgewaschen oder auf dem Krug belassen werden, so dass ein spontaner Effekt entsteht. Lassen Sie die Farbe trocknen, wobei die Farbe heller wird. Dies dauert möglicherweise nur eine Minute, kann aber abhängig von der Art des Biskuitporzellans und der Zimmertemperatur variieren.

**2 DAS VOGELMOTIV** Übertragen Sie das Vogelmotiv mit dem vorbereiteten Durchschlag auf den Krug. Die Unterglasur ist evtl. noch etwas feucht, aber das Pauspapier wird nicht kleben bleiben. Kratzen Sie mit dem Sgraffito-Werkzeug den Linien entlang, wobei Sie mit dem Quadrat beginnen, dann den Vogel und schließlich die Blätter arbeiten. Wenn die eingekratzten Linien einen Grat hinterlassen, liegt dies daran, dass die Unterglasur noch nicht trocken genug ist. In diesem Fall lassen Sie sie noch etwas trocknen und entfernen den Grat vor dem Glasieren mit einem Skalpell.

2

**3 HENKEL UND RAND** Tauchen Sie den 1,5 cm breiten Pinsel in kobaltblaue Unterglasur ein und malen Sie einen Streifen auf den Henkel auf, wobei Sie möglichst schnell von oben nach unten fahren und die Farbe so weit wie möglich zum Rand hin auftragen. Malen Sie entspannt, damit ein flüssiger Pinselstrich entsteht. Um beim Bemalen des Randes etwas mehr Kontrolle zu haben, stellen Sie den Krug auf eine Drehscheibe. Verwenden Sie wieder den 1,5 cm breiten flachen Pinsel und bemalen Sie den Rand mit zwei Schichten türkisfarbener Unterglasur. Es ist wichtig, die Farbe mit der Pinselmitte und nicht mit der Spitze aufzutragen. Halten Sie den Pinsel beim Malen waagrecht.

3

**4 DIE ANDERE SEITE BEMALEN** Um das Motiv auf der anderen Seite zu wiederholen, drehen Sie den Durchschlag um, so dass der Vogelschnabel zur Schnaupe des Krugs hin zeigt.

### Acrylmalerei

Pauspapier kann an feuchter Acrylfarbe kleben bleiben. Daher muss die Farbe trocken sein, bevor Sie mit Schritt zwei beginnen. Sie können das Motiv jedoch auch direkt, ohne Vorlage, in die nasse Acrylfarbe kratzen.

Siehe auch Seite 13.

# Vasen und Krüge

Die schmal zulaufende Form einer Vase kann die Art der gewählten Dekoration einschränken. Senkrechte Streifen sollten am besten vermieden werden, da es schwierig ist, sie der Vasenform entsprechend schmaler zulaufen zu lassen. Mit waagrechten Streifen kann man viel leichter arbeiten. Wenn die Vase einen Rand hat, sollte dieser in das Design einbezogen werden. Falls dies nicht möglich ist, verbergen Sie ihn mit einem vollflächigen Muster.

1 Lasieren Sie die Vase gelb. Kleben Sie Kreppstreifen auf. Bemalen Sie die nicht abgedeckten Streifen mit unverdünnter gelber Farbe. Schablonieren Sie die Blumen. Malen Sie ihre Mittelpunkte aus.

2 Messen Sie ein Fünftel der Höhe der Vase von oben ab; kleben Sie einen Streifen Krepp in dieser Höhe auf, dass eine gerade Linie entsteht. Kleben Sie Sternetiketten auf. Malen Sie das Band an. Entfernen Sie Etiketten und Kreppband. Punkte hinzufügen.

3 Malen oder Schablonieren Sie die Schilde. Bemalen Sie den Rand der Vase, gefolgt von den Zickzacklinien, den senkrechten Linien und den Punkten.

**4&5** Links: Vase lila bemalen. Nehmen Sie Klebeband für die Bänder, Abdeckflüssigkeit für Details. Malen Sie diese in einem mittleren, dann in einem dunklen Lilaton auf. Rechts: Verwenden Sie Klebeband und Abdeckflüssigkeit. Malen Sie die Streifen auf.

**6** Pausen Sie das Vogelmotiv von Seite 89 ab und malen Sie es auf, wobei Sie mit den blassen Farben beginnen. Umreißen Sie das Motiv mit Farbe oder einem Unterglasurstift.

**7&8** Malen Sie die Farbstreifen auf. Fügen Sie das Muster mit Unterglasurstift hinzu. Rechts: Kleben Sie Klebeband auf, so dass eine gerade Linie entsteht. Bemalen Sie den unteren Bereich. Tupfen Sie die Punkte auf.

**9** Lasieren Sie den Krug. Wischen Sie einige Farbbereiche mit einem feuchten Scnwamm ab. Schablonieren Sie die Fische. Kratzen Sie die weißen Linien mit einem Sgraffito-Werkzeug aus und verwenden Sie einen Unterglasurstift für die dunklen Linien.

# Salz- & Pfefferstreuer

**Bei kleinen Objekten bevorzuge** ich ganz einfache Verzierungen. Ausgeklügelte Muster können bei einem kleinen Stück zu überladen wirken. Bei Salz- und Pfefferstreuern überlege ich zunächst, wie die Löcher zu behandeln sind. Sie sollten das Design nicht unterbrechen und können entweder ganz aus dem Muster ausgelassen werden, wie es hier der Fall ist, indem zu beiden Seiten der Löcher Streifen aufgemalt werden, oder sie können Teil des Entwurfs werden. So kann man sie beispielsweise in ein Blütenmuster einbeziehen, indem die Löcher die Mittelpunkte der Blüten bilden.

Ich habe den Entwurf variiert: die Streifen des Pfefferstreuers werden nur am unteren Rand des Salzstreuers wiederholt. Eine gesprenkelte Glasur auf dem Salzstreuer wirkt reizvoll und ergänzt die farbigen Streifen des Pfefferstreuers. Diese Designmethode würde auch bei anderen Gegenständen, etwa Eierbechern, sehr gut funktionieren (auf den Seiten 80–81 finden Sie Variationsmöglichkeiten).

*Bei kleinen Gegenständen sind keine reichen Verzierungen erforderlich. Gut gewählte Farben und ein einfaches dekoratives Element reichen oftmals aus. Die mit dem Stift gezogenen Linien wirken spontan und bilden einen wirkungsvollen Kontrast zum minimalistischen Design der beiden Streuer.*

## Materialien

Salz- und Pfefferstreuer aus Biskuit-
porzellan
Kreppband, 2,5 cm breit
evtl. Acetat-Lineal
eine feine Stricknadel oder ein ähnlicher
Gegenstand

## Pinsel

flacher, 2,5 cm breiter Pinsel

## Unterglasurfarben

grün gesprenkelte Glasur
Unterglasurstifte in sechs Farben (hier
wurden Limonengrün, Salbeigrün, Flaschen-
grün, Grau, Königsblau und Lila verwendet)
klare Glasur

## Techniken

Verwendung von Unterglasurstiften
Auftragen einer klaren Glasur

## Varianten

Siehe Seiten 80-81

1

2

**DEN ENTWURF ÜBERTRAGEN** Zeichnen Sie mit dem Bleistift senkrechte Linien als Richtschnur für die Farbstreifen auf den Pfefferstreuer und um den unteren Bereich des Salzstreuers auf. Ich bevorzuge eine unregelmäßigere Wirkung. Es macht nichts, wenn die Linien etwas zittrig sind. Sie können aber auch ein Lineal als Richtschnur verwenden und Kreppband etwa 1 cm über dem unteren Rand des Salzstreuers anbringen.

**DIE SPRENKELGLASUR AUFTRAGEN** Malen Sie drei Schichten gesprenkelte Glasur auf den Salzstreuer auf. (Wenn sie in das Loch oben tropft, machen Sie das Loch mit einer Stricknadel oder einem ähnlichen Gegenstand frei.) Lassen Sie die Glasur eine Minute trocknen und ziehen Sie das Kreppband ab.

**DIE LINIEN MIT DEM STIFT AUFTRAGEN** Bevor Sie die Linien mit den Stiften auf den Pfefferstreuer auftragen, stecken Sie eine Stricknadel oder einen ähnlichen Gegenstand in das Loch oben in der Mitte. So können Sie den Streuer bemalen, ohne ihn mit den Fingern zu berühren und versehentlich die Farben zu verwischen. Tragen Sie mit den Farbstiften Streifen entlang der Bleistiftmarkierungen auf. Es ist am einfachsten, die Linien von oben nach unten zu ziehen. Malen Sie die Streifen im unteren Bereich des Salzstreuers genauso auf.

**AUFTRAGEN DER GLASUR** Tragen Sie eine Glasurschicht auf den Pfefferstreuer und auf den mit Streifen bemalten Bereichdes Salzstreuers auf. Es kann hilfreich sein, die Glasur aufzutupfen, statt lange Pinselstriche einzusetzen. Wenn Sie feststellen, dass sich die aufgemalten Linien abheben, tauchen Sie den Pinsel erneut in die Glasur ein. Oder Sie können den Pfefferstreuer in einen Eimer mit klarer Glasur tauchen. Jetzt können die Streuer gebrannt werden.

### Acrylmalerei

Nicht für diese Technik geeignet.

# Salz- und Pfefferstreuer

Obwohl Salz- und Pfefferstreuer zusammen gehören, müssen sie nicht unbedingt identisch aussehen. Manchmal ist es sogar recht nützlich, sie gleich auf einen Blick unterscheiden zu können, wie es die Illustrationen zeigen.

1 Decken Sie die unterschiedlich großen Blüten mit Abdeckflüssigkeit ab und malen Sie den Hintergrund gelb an. Entfernen Sie dann die Abdeckflüssigkeit. Malen Sie die lilafarbenen Punkte auf.

2 Malen Sie die geraden und geschlängelten Linien mit Abdeckflüssigkeit auf, und füllen Sie den Hintergrund mit Lila aus. Ziehen Sie nun die Abdeckflüssigkeit ab.

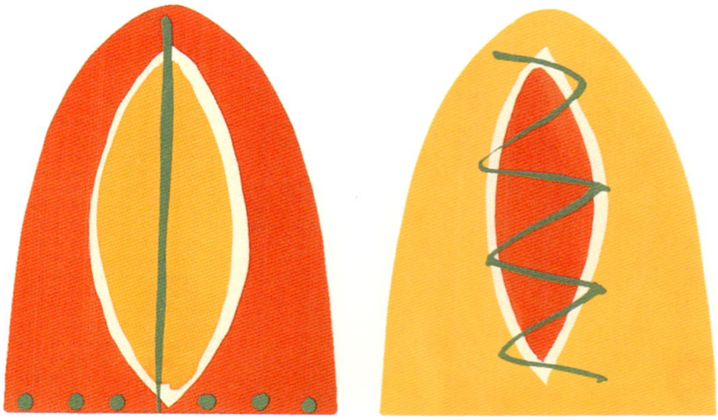

3 Zeichnen Sie die Schilde auf und malen Sie sie an. Tragen Sie die Hintergrundfarben auf, wobei Sie um die Schilde herum einen Rand unbemalt lassen. Fügen Sie grüne Linien, Punkte und Zickzacklinien hinzu.

4 Kleben Sie Kreppband auf die Streuer auf, dass im unteren Bereich jeweils ein Rand frei bleibt. Malen Sie die Ränder grün an. Entfernen sie das Klebeband. Tragen Sie die Blätter im Monodruckverfahren auf.

5 Malen Sie breite blaue Streifen, ausgehend von der Spitze des Salzstreuers, und betupfen Sie den Pfefferstreuer mit der gleichen Farbe.

# Eierbecher

Da Eierbecher klein sind, steigert sich die Wirkung, je einfacher der Entwurf ist. Zudem ist es schwierig, sich für längere Zeit auf Gegenstände dieser Größe zu konzentrieren. Wenn Sie einen ganzen Satz Eierbecher haben, sollten Sie sich ein Thema ausdenken. So könnte beispielsweise jeder Becher mit einem anderen Vogel, etwa einem Huhn, einer Ente oder einer Wachtel bemalt werden; oder alle Eierbecher könnten dasselbe Muster in einer Vielfalt von Farben erhalten.

1 Bemalen Sie beide Eierbecher, indem Sie mit den hellsten Farben beginnen und sich zu den dunkelsten vorarbeiten.

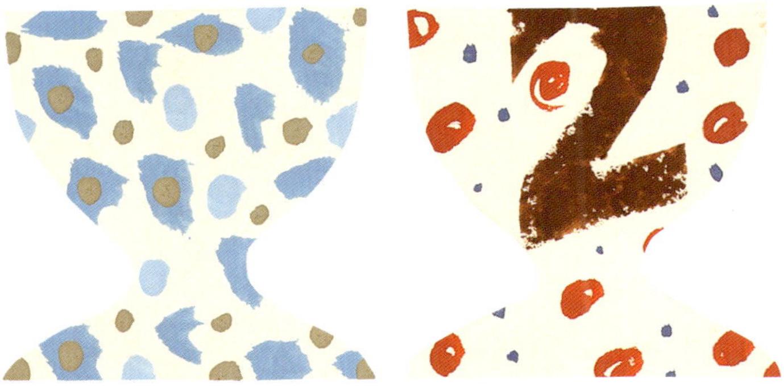

2 Links: Tupfen Sie die hellblaue Farbe auf, gefolgt vom dunkleren Blau. Malen Sie die taupefarbenen Punkte auf. Rechts: Schablonieren Sie die Zahl 2. Malen Sie die Schnörkel und Punkte.

3 Links: Malen Sie den Eierbecher orange an. Für die Henne verwenden Sie einen Unterglasurstift. Rechts: Malen Sie den Eierbecher lila an und kratzen Sie die Spiralen, Streifen und Punkte mit einem Sgraffito-Werkzeug aus.

4 Links: Bemalen Sie den Eierbecher pink. Tragen Sie die Muschel im Monodruckverfahren auf. Bemalen Sie den Rand in einem dunklen Pink und malen Sie die kurzen Streifen in derselben Farbe auf. Rechts: Malen Sie die Rose und die Blätter auf. Fügen Sie mit einem Unterglasurstift Glanzlichter hinzu.

5 Bemalen Sie beide Eierbecher, wobei Sie mit den hellsten Farben beginnen und zum Schluss die dunklen aufmalen.

# Vorlagen für Schablonen

Dies sind die Schabloniervorlagen für die auf den Seiten 38, 44, 52, 64 und 70 vorgestellten Projekte. Auf den Seiten 24–25 finden Sie Hinweise, wie sie eingesetzt werden.

Blumen-Teekanne

Krug mit Vogelmotiv

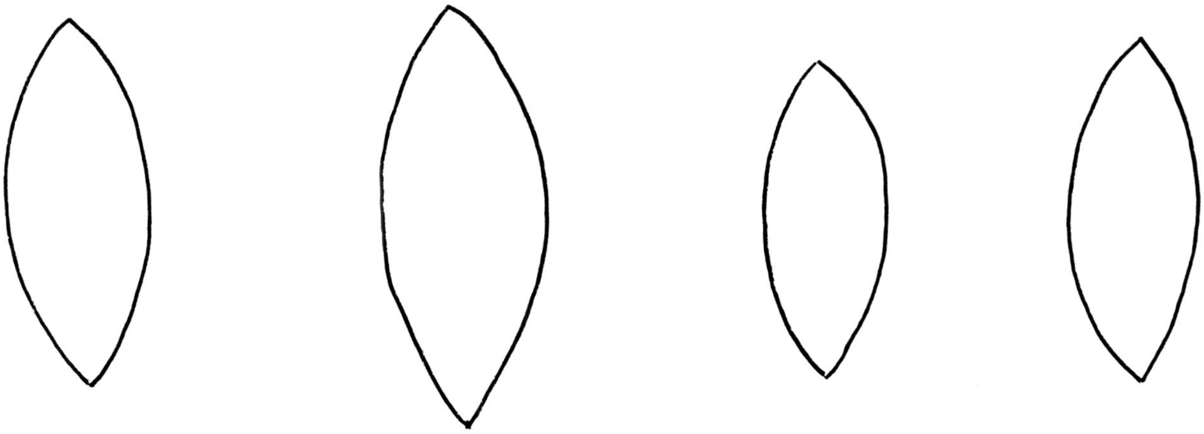

Afrika-Becher

Fisch-Teller

Salatschüssel mit Blattmuster

# Varianten

Diese Motive, von denen Sie einige durch die vorgestellten Variationsmöglichkeiten bereits kennen, sollen als inspirative Ausgangspunkte für eigene Entwürfe dienen, obwohl sie auch abgepaust und direkt verwendet werden können. Mit Hilfe eines Fotokopierers können sie auch vergrößert oder verkleinert werden (siehe Seiten 24–25). Die graue Lasur ist nur ein Vorschlag, wie Sie die Farbe auftragen können. Die eigentlichen Umrisse können für Schablonen oder Stempel benutzt werden oder für das Akzentuieren mit einem Unterglasurstift.

## Blumen

Fische

Muscheln

## Blätter

Vögel

## Obst und Gemüse

## Verschiedenes

Buchstaben und Zahlen

| | |
|---|---|
| ABCDE | ABCDE |
| FGHIJK | FGHIJK |
| LMNOP | LMNOP |
| QRSTU | QRSTU |
| VWXYZ | VWXYZ |
| abcde | abcde |
| fghijklm | fghijklm |
| nopqrst | nopqrst |
| uvwxyz | uvwxyz |
| 01234 | 01234 |
| 56789 | 56789 |

**Halbfett** gedruckte Seitenzahlen beziehen sich auf die Projekte. Illustrationen werden durch *kursiv* gedruckte Zahlen angezeigt.

## A



## B



## C



## D



## E



## F



## G



## H



## K



## L



## M